Deixa que eu te ame

Alcione Araújo

Deixa que eu te ame
Coleção teatro de Alcione Araújo

CIVILIZAÇÃO BRASILEIRA
Rio de Janeiro
2011

Copyright © Alcione Araújo, 2011

FOTOS DE CAPA
Denkou Images/Latinstock
Cultúra Images RF/Latinstock

CIP-BRASIL. CATALOGAÇÃO-NA-FONTE
SINDICATO NACIONAL DOS EDITORES DE LIVROS, RJ

Araújo, Alcione, 1945-
A687d   Deixe que eu te ame / Alcione Araújo. – Rio de Janeiro: Record, 2011.

ISBN 978-85-200-1020-4

1. Teatro brasileiro (Literatura). I. Título.

                          CDD: 869.92
10-5167   CDU: 821.134.3(81)-1

Todos os direitos reservados. Proibida a reprodução, armazenamento ou transmissão de partes deste livro, através de quaisquer meios, sem prévia autorização por escrito.

Texto revisado segundo o novo Acordo Ortográfico da Língua Portuguesa.

Direitos desta edição adquiridos pela
CIVILIZAÇÃO BRASILIERA,
um selo da
JOSÉ OLYMPIO EDITORA
Rua Argentina 171 – 20921-380 – Rio de Janeiro, RJ –
Tel.: 2585-2000

Seja um leitor preferencial Record.
Cadastre-se e receba informações sobre nossos lançamentos e nossas promoções.

Atendimento e venda direta ao leitor:
mdireto@record.com.br ou (21) 2585-2002.

Impresso no Brasil
2011

PERSONAGENS

OLÍMPIO

HELENA

BERNARDO

CECÍLIA

THOMAZ

BETO-MIOJO

CLARA

Ato Único

Restaurante de luxo decadente, bar anexo,
balcões de vidro, espelhos, prateleiras com garrafas.
Um tablado, antes usado para shows
de música, é também o banheiro.
Ou nada disso, apenas:
mesas, cadeiras, tablado-banheiro, cozinha,
moldura de espelho.

Ação

Noite, salão vazio, cadeiras sobre as mesas. Com as
barras da calça dobradas, Olímpio varre o chão. Ouve-se
freada brusca, portas batendo. Entram Helena, de longo,
e Bernardo, de smoking.

OLÍMPIO

Desculpa, mas a casa já fechou.

BERNARDO

Como fechou? Fechou por quê? A essa hora? Os restaurantes com a corda no pescoço e vocês fechando mais cedo?!

OLÍMPIO

O doutor, que conhece a noite, deve saber que...

BERNARDO

(A Helena.) Com medo de assalto, o Rio está mais provinciano que Brasília. *(Helena olha apreensiva para a saída.)* Não acha?

OLÍMPIO
Acho que me lembro do senhor.

HELENA
(A Bernardo.) O quê? O que disse?

OLÍMPIO
Que o doutor não me é estranho.

BERNARDO
Tá preocupada? *(A Olímpio.)* Me conhece? De onde?

HELENA
(Baixo.) Calma, querido.

BERNARDO
(Baixo, a Helena.) O que quer dizer?

OLÍMPIO
(A Helena.) A senhora também...

HELENA
(Baixo.) Pra ir com calma. Você tá meio alto. *(A Olímpio.)* O quê?

OLÍMPIO
Acho que conheço a senhora também.

BERNARDO
(A Helena.) Eu, meio alto?

HELENA
(Assustada.) Me conhece? *(Curiosa.)* Será? De onde?

DEIXA QUE EU TE AME

OLÍMPIO

A memória não ajuda, mas acho que sim...

BERNARDO

(Baixo, a Helena.) Não bebi nada.

HELENA

(Categórica.) Deve estar se confundindo.

OLÍMPIO

É possível, é possível, nessa idade, a vista...

HELENA

(A Bernardo, baixo.) Veio da Barra até aqui, a mais de cem por hora.

BERNARDO

(A Helena, baixo.) Que conversa é essa?

HELENA

Nesses coquetéis sempre se mistura uísque com champanhe?...

BERNARDO

(A Olímpio.) A porta tava aberta. *(A Helena.)* Tá me censurando?

(Atenta à saída, Helena envolve Bernardo por trás.)

OLÍMPIO

Esqueci de trancar. Quando o pessoal foi embora, fui ao quarto dos fundos tirar o uniforme. Na volta, distraí. Mas a casa fechou, tô acabando a faxina.

BERNARDO

(Esquiva-se.) Tô mais sóbrio que você. *(A Olímpio.)* Se estava aberto, tem que atender. Isso é serviço de utilidade pública. E discriminação é crime.

OLÍMPIO

O doutor tá certo, esqueci... A casa, quer dizer, o patrão...

HELENA

Claro que tá mais sóbrio que eu, querido. Fico tonta só de te abraçar! Mas a noite é sua, tudo será como você quiser. *(Aperta-lhe o rosto.)* Está feliz?

BERNARDO

Estou. Muito.

HELENA

Eu também. *(Vai beijá-lo, mas, sem querer, ele desvia o rosto.)*

BERNARDO

O coquetel me surpreendeu. Superou as expectativas.

HELENA

Você merece. Que desperdício se enterrar em Brasília. Qual foi a surpresa?

BERNARDO

Shhh... Conquista como a de hoje é pra festejar muito! *(A Olímpio.)* Tá esperando o quê, meu velho?

OLÍMPIO

Não leva a mal, doutor, mas...

BERNARDO

Desce as cadeiras e chama o garçom.

HELENA

(Baixo.) Calma, amor!

OLÍMPIO

O pessoal foi embora, doutor. Estou aqui, porque durmo nos fundos e...

BERNARDO

Você é garçom?!

OLÍMPIO

Há quarenta e dois anos.

BERNARDO

E atende nesses trajes?

OLÍMPIO

Não, doutor. Isso é pra faxina.

HELENA

(Paciente.) O senhor sabe arrumar uma mesa? Servir um prato?

BERNARDO

Não deveria estar em casa, descansando?

HELENA

Querido!...

OLÍMPIO

Sou garçom há quarenta e dois anos, doutor, e...

BERNARDO

(A Helena.) Topei vir pra cá, achando que fosse *aquele* restaurante.

OLÍMPIO

Só ponho essa roupa depois que fecha. Com todo o respeito, sou garçom há quarenta e dois anos. Faço a faxina pra pagar o aluguel do quartinho.

BERNARDO

Que lugar me arranjou, Helena! Vamos embora.

HELENA

Bernardo! *(Bernardo vai sair, Olímpio assume um tom profissional.)*

OLÍMPIO

Por favor, doutor. Garanto que o senhor vai ser bem atendido. A casa pede desculpas. O movimento tem diminuído, como o senhor sabe, mas a casa tem tradição. O patrão é exigente no atendimento. Se ele souber que um freguês como o senhor deixou a casa insatisfeito!...

HELENA

(Baixo, pede.) Vamos ficar.

OLÍMPIO

(Abaixa as cadeiras.) Sentem-se, por favor. Num minuto forro a mesa.

HELENA

Como é o nome do senhor?

OLÍMPIO
Olímpio. Às suas ordens. *(Afasta-se e acende as luzes.)*

BERNARDO
(Baixo.) A essa hora só pé-sujo da Prado Júnior. Põe o uniforme, seu Olímpio, e vem nos atender com os seus quarenta anos de experiência.

OLÍMPIO
Quarenta e dois, doutor.

BERNARDO
Ao trabalho, meu velho! Arruma a mesa e traz um Dom Pérignon.

HELENA
(Senta-se.) Não espere muita coisa pra comer, amor.

BERNARDO
Um profissional com a sua experiência...

OLÍMPIO
Quarenta e dois anos servindo, doutor!

BERNARDO
... Não se aperta na cozinha, não é? *(Helena vai até a saída, olha para fora.)*

OLÍMPIO
Não sou chefe, mas não me aperto, doutor. Apesar da casa andar desfalcada.

BERNARDO
Com quarenta anos de experiência...

OLÍMPIO
Quarenta e dois, doutor!

BERNARDO
... não vai nos deixar com fome. Ou vai?

OLÍMPIO
Nunca, doutor! Pra um freguês como o senhor, o garçom faz até milagre!

BERNARDO
Uma mão molha a outra, Olímpio, e as duas se lavam.

OLÍMPIO
Sim, senhor. Com licença. *(Sai com as tralhas de limpeza.)*

HELENA
(Anda pelo salão.) Que emoção voltar aqui. Lugar perfeito pra essa noite. Não te vem um turbilhão de lembranças de estontear?

BERNARDO
(Absorto.) Fiquei feliz de ver Thomaz no coquetel. Quis dar um abraço nele, mas tinha tanta gente à volta!... E ele sempre pelos cantos! Você, que é filha única, entende esse amor entre irmãos depois de tudo que aconteceu?

HELENA
Mais do que se tivesse irmãos. Mas vamos falar de você, a noite é sua!

BERNARDO
(Absorto.) A vida tem me separado do Thomaz. Sinto muita falta dele.

HELENA

E esse lugar, meu querido, também lhe traz boas lembranças?

BERNARDO

(Olha em torno.) De um tempo bom, que passou. *(Pausa.)* Mas, em vez de lembrar que o passado foi bom, é melhor pensar que o futuro será melhor.

HELENA

Talvez. Mas o que temos de nosso mesmo é só o passado. O presente é como uma brisa que flui, e a gente mal sente. Isso que acabei de dizer já é passado. O futuro é uma possibilidade. O que sou mesmo é passado.

BERNARDO

(Confiante.) Eu, não. Tudo que sou é futuro! O passado morreu, Helena.

HELENA

E o futuro não aconteceu. Pode até nem acontecer. Sobre ele nada se sabe.

BERNARDO

Quer falar da morte, é isso?

HELENA

Não, amor. Quero falar da vida, do tempo que nos resta para usufruir.

BERNARDO

(Reflexivo.) Se morro agora... fodeu! Tudo que faço é pro futuro. Mas cada segundo que avanço pro futuro vejo o buraco negro mais perto!

HELENA

(Sorridente.) Vamos mudar de assunto.

BERNARDO

Não há dinheiro, poder ou fé que pare o tempo. Ou você é rico na idade em que pode usufruir, ou dinheiro não vale nada. Pode valer pros herdeiros — que não tenho. *(Helena acaricia-o, atenta à saída. Olímpio conclui a limpeza do tablado-banheiro e sob luz intensa e irreal fala ao público, luz desce na mesa, onde a cena segue.)*

OLÍMPIO

Esse cara cismou de diminuir meu tempo de serviço, única coisa que juntei na vida! *(Olha o casal.)* Quer se exibir pra perua que arrastou de alguma festa. Aqui, beija e apalpa; se gostar, leva pro motel. Vai reclamar da demora, do couvert, do ar refrigerado; vai exigir troca do talher, do prato e do guardanapo. Vai refazer a conta e deixar dois níqueis de gorjeta — que vou meter no bolso antes que ela arregale os olhos, "Isso tudo?", e pegue de volta um dos níqueis! Sem essa esmola, eu mais a patroa não vivemos! Fui do sindicato, sei os meus direitos. Meu direito é uma aposentadoria que não paga nem os remédios da patroa! Virei garçom sonhando estudar advocacia de dia — hoje odeio advogado: rouba mais que patrão! Entrei em cinco escolas, não tirei o ginásio. O sonho de ser doutor morreu no dia que a professora me acordou, e eu não sabia onde tava. Mas o que interessa aprendi durante a ditadura. Era tanto medo que eu e a patroa líamos as cartilhas do Partido Comunista de noite na cama. A exploração do homem pelo

DEIXA QUE EU TE AME

homem, a luta de classes, o lucro da exploração do trabalhador, aprendemos tudo! Era tanta esperança que dava febre. A gente acreditou que os homens de boa vontade dariam as mãos pra fazer o mundo mais justo. Toda quarta-feira ia com a patroa ao sindicato, que ficava entupido, e a agitação pegava fogo. Com luta arrancamos a carteira assinada do garçom, o adicional noturno, a hora extra. Hoje ninguém liga pra sindicato. Só vão em assembleia que sorteia brinde. Botam a mão num liquidificador ou micro-ondas e se mandam. É cada um por si. O colega te mata por um emprego. *(Olha.)* Se levasse a piranha direto pro motel, eu ia dormir mais cedo. *(Vai para a cozinha. Luz geral. Helena acaricia Bernardo.)*

HELENA

Há anos a gente não se vê, e não passo um dia sem pensar em você. Estou ansiosa desde que soube que o veria hoje. Passei horas escolhendo o que vestir, o sapato, o cabelo! Diante do espelho pensei: e se Bernardo achar que envelheci, que engordei, que fiquei feia? Não disse o que achou de mim. *(Insegura.)* Acha que estou bem?

BERNARDO

(Avalia.) Está.

HELENA

Não tente me agradar. Diz o que achou.

BERNARDO

O tempo passou... pra todos nós.

HELENA

Mas os seios caíram? A bunda caiu?

BERNARDO

Quer a verdade?

HELENA

Quero. *(Pausa.)* Mas não seja cruel.

BERNARDO

Então, me deixa apalpar. Não estão escorados?

HELENA

Escora é pra sua avó!

BERNARDO

Quero ver se ainda estão durinhos.

HELENA

Não sou uma ninfeta, seu pedófilo. *(Ergue os seios.)* Despencaram?

BERNARDO

Se apalpar, respondo.

HELENA

Sabe avaliar de longe.

BERNARDO

(Avalia.) Parece que não.

HELENA

Sei que não. Sinto o olhar dos homens. Como uma carícia. No coquetel, quando fui à toalete, você me despiu com seu olhar de garanhão. Quando voltei, vi pelo brilho dos olhos que tinha sido aprovada. Subiu um calor! *(Pausa.)* Se estou bem, me sinto desejada. *(Gira.)* O que gostou mais? Gostava das minhas pernas. Na praia, ficava passando a mão.

BERNARDO

Já não me satisfaço com tão pouco.

HELENA

Gostava de chupar meus peitinhos. Lembro que eu gritava quando mordia!

BERNARDO

Há quanto tempo não toco no seu corpo! O que mais gosto é... do pescoço.

HELENA

Tá debochando de mim? *(Ele nega.)* Já ouvi que tenho dentes perfeitos, olhos expressivos, boca sensual, até meus dedos longos já elogiaram! Mas do meu pescoço nunca disseram nada! Virou o Drácula, é?

BERNARDO

Seu pescoço desce esguio da cabeça, mergulha suave na saboneteira, levando milhares de vasos, nervos, veias, artérias...

HELENA

Um Drácula médico!

BERNARDO

... e, por trás, a nuca! Afastar o cabelo que cobre a nuca é chegar à intimidade da mulher: a pele fina e macia, protegida do sol e dos olhares. Roçar a língua na nuca, molhar a pétala aveludada espalha arrepios pelo corpo todo.

HELENA
Uau! Vem me sugar, doutor Drácula. O pescoço e o que mais quiser!

BERNARDO
Helena! O que tá acontecendo? Por que tá me dizendo essas coisas?

HELENA
Alguma coisa aqui dentro diz pra me abrir com você. Dizer logo o que sinto. O tempo corre contra mim.

BERNARDO
(Pausa.) Se quer dizer alguma coisa, diga.

HELENA
Seria melhor algum lugar aonde nunca tivéssemos ido, que nada lembrasse o passado. E você meu presente. Olha nos meus olhos. *(Olham-se.)* O que vê?

BERNARDO
Que brilham.

HELENA
Além do brilho. O que sente?

BERNARDO
Não sei. Sinto... uma emoção. Não sei dizer qual.

HELENA
Não me sente nua diante de você?

DEIXA QUE EU TE AME

BERNARDO

Parece que não tem vergonha do que sente, do que pensa, do que é.

HELENA

E o que é que eu sou, Bernardo? Você sabe.

BERNARDO

Alguém que brinca com fogo... mas sabe o que quer...

HELENA

O que mais?

BERNARDO

... que gosta da vida e não se impõe limites. *(Pausa.)* Não sei mais.

HELENA

(Insegura.) E o que eu significo pra você?

BERNARDO

(Pausa.) Não sei dizer.

HELENA

(Irritada.) Continua o mesmo! Não diz nada, não assume nada. Me olha como se eu fosse uma esfinge. E a boba vai falando, se soltando sem medir riscos, se entregando à sua sedução silenciosa, ficando de quatro por você!

BERNARDO

Depois do que aconteceu, deve ser difícil dizer o que sou pra você também.

HELENA

Sei o que é pra mim. Um dia, dei com sua foto no jornal dando palestra pra empresários. Foi ver seu rosto e a esperança tomou conta de mim. O coração bateu, a cabeça acendeu, o corpo acordou. O sorriso brilhou no meu rosto. Você faz milagres em mim. Como um santo, um deus, sei lá. Como se eu fosse de barro e, com um sopro, você me animasse.

BERNARDO

Exagero!

HELENA

Pessoas como eu se mantêm vivas pelo amor. Só abraçada ao homem que amo, esquecida de mim, livre do orgulho que não me deixa ser o que sou nem fazer o que quero...

BERNARDO

É o seu orgulho que impede?...

HELENA

(Corta.) Nem tente entender! É carma, carência de vidas passadas, séculos de recato, dissimulação, sei lá! Mas o que quero te dizer vou dizer agora. *(Baixo, intensa.)* Eu te amo. Te amo muito. Nunca deixei de te amar. Mais o tempo passa, mais fundo fica esse amor. Não imagina o quanto esperei esse encontro. Quando pensava, sentia a mesma paixão de antes, como se o tempo tivesse parado. Mas agora, diante de você, não há como disfarçar que o tempo passou. Não somos as mesmas pessoas. Tenho que aproveitar que estamos sós e dizer quem sou agora, o que quero da vida e o quanto ainda te amo: você recria a vida em mim com um sopro, a

alegria de viver com um olhar e a felicidade com um beijo. *(Pausa.)* Não vai dizer nada?

BERNARDO

Não sei o que dizer. Estou, nem sei. Um amor assim... assusta. Você é corajosa, sedutora, encantadora! Uma mulher, eu diria, *do caralho*! Em respeito a você, vou ser sincero. *(Pausa.)* Nesse momento da minha vida, Helena, nas minhas circunstâncias atuais, não é o que estou procurando.

HELENA

(Explode.) E o que é que está procurando? Você procura alguma coisa? Me diz! O que é que procura, além de dinheiro, poder e fama? Responde!

BERNARDO

Com o poder, dinheiro e fama vêm por gravidade. Com poder, dinheiro e fama, as mulheres vêm como as mariposas vão pra luz. Não é o meu caso.

HELENA

Sei das deslumbradas pela fama, das que se ajoelham pro poder, das que se arreganham por dinheiro. Não é o meu caso também. Falei de outra coisa. Fiz uma declaração de amor. E você debochou. *(Pausa.)* Uma palavra, Bernardo, uma palavra de ternura.

BERNARDO

Não quero te magoar, Helena, mas também não quero te enganar: o passado... passou!

HELENA

Quer que acredite que não há nada entre nós? Anos e anos sem nos ver, e fugimos às pressas do coquetel pra ficar a sós, sem nenhum motivo? Te conheço, Bernardo. Não estaríamos aqui sem um motivo forte. *(Pega-lhe a mão.)* Te espero há séculos, séculos!...

BERNARDO

(Sereno.) Não, Helena. Você fez sua vida. Não ficou me esperando, porque não havia esperança.

HELENA

Não brinca com meus sentimentos!

BERNARDO

Não tô brincando. Mas poderia. Não brincou com os meus? Ou esqueceu?

HELENA

Uma mulher não esquece o primeiro amor; muito menos se foi o primeiro homem. Lembro bem a noite que ficamos sozinhos em casa, suas unhas penetrando a pele virgem das minhas costas, me fazendo sangrar. Lembro o gosto salgado do seu corpo. Você me amava então como tenho certeza que me ama agora; porque eu te amo agora como amava então. Há noites que não durmo, Bernardo. Altas horas, vagando pela casa. Só me alivio debaixo do jato de água fria e, pensando em você de olhos fechados, passeio o sabonete sobre a pele, acariciando os seios, o ventre, as coxas. Se o poder, o dinheiro e as mulheres vêm a você por gravidade...

DEIXA QUE EU TE AME

BERNARDO

(Corta.) Disse que não é o meu caso.

HELENA

... o meu amor também vem. E por que recusa? Por ser incapaz de perdoar, esquecer o passado? Recusa por ciúme? *(Pausa.)* Nunca te traí, Bernardo!

BERNARDO

(Calmo.) Sabe que não é nada disso. É simples e vou ser claro. Fosse uma relação mais light, sem grandes compromissos... Mas não estou disponível pra paixões avassaladoras. Nós, que não soubemos dançar um bolero, não vamos dançar um tango!

HELENA

Não estou pedindo sua mão em casamento. Sei o que quero e o que gosto: sua voz grave, carícia de mão grande, me espetar na sua barba, me esfregar no corpo musculoso, me lambuzar.

BERNARDO

Você é um fio desencapado. Quem tocar, fica grudado, morre eletrocutado!

HELENA

Não debocha. *(Leva a mão dele ao seio.)* Anda, me acaricia. *(Ele obedece.)* Meu corpo pode ser um jardim pras suas fantasias. *(Beija-o. Estranha.)* Por que essa frieza? Seu beijo era uma loucura.

BERNARDO

Estou tentando entender tudo isso...

HELENA

Não há o que entender, não há compromissos nem obrigações. Basta se entregar. E temos pouco tempo. Me abraça.

BERNARDO

(Espanto.) Me deixa pensar, me deixa escolher, me deixa decidir...

HELENA

Não decidi nada, meu querido. Só quero me dar a você.

BERNARDO

Agora, as mulheres...

HELENA

(Contém-se.) Por favor, querido, me exclua de "as mulheres"!

BERNARDO

... andam cheias de exigências, querem sexo na hora que escolhem, com as carícias que preferem e tantos orgasmos que parecem insaciáveis...

HELENA

(Sorri.) Não tenha medo de não me satisfazer. Preciso de tão pouco...

BERNARDO

Não vou ser zangão nas garras de abelha-rainha, que pra se saciar, precisa me arrancar o pau. Tenho que me poupar, Helena. Sei o que vivi com você. Assim como o sexo deve ser seguro, o amor também precisa de segurança.

HELENA

Não se trata de tarefa militar, sabia?

BERNARDO

Tô besta com seu descaramento! Diz nomes, detalhes, sílaba por sílaba. Parece que na sua boca tudo vira sacanagem!

HELENA

Posso abrir a boca pra gemer e te dar tesão, gritar pra se sentir macho, mas pra falar, não! Acorda, querido! Sou livre pra transar, aprendi a gozar e falo o que me der na telha! Não ouviu as mariposas que te cercam dizer: "Comi aquele gato" ou "Fulano é bom de cama!"? Por que não posso pedir uma carícia? Ou comandar? Não pode ser mais excitante?...

BERNARDO

É da natureza. A submissão da fêmea faz parte do prazer do macho. E da fêmea também.

HELENA

Se ela gosta e quer, tudo bem. E se ela quiser diferente?

BERNARDO

A natureza me fez pra caçar, guerrear, proteger a fêmea e a cria, comandar exército, chefiar família, dirigir empresa, e vou pra cama de mãos atadas pra ser estuprado por uma fêmea?

HELENA

(Baixo, decidida.) Eu vou te comer hoje.

BERNARDO

Eu escolho quem vou comer, que carícias quero, e tomo a iniciativa.

HELENA

Se faz tudo sozinho, não é relação sexual, é punheta.

BERNARDO

(Contendo-se.) O que quer de mim, Helena? Que eu seja outro? O Bernardo que arrastou pra cá é esse! Há milhões de homens mais interessantes por aí...

HELENA

Se a gente pudesse escolher a quem amar! Mas, tudo bem. Chega de teoria. Assuma o comando. Tô aqui, de quatro. Tem dez segundos pra me despir.

BERNARDO

Você ficou completamente louca!

HELENA

Então, vou ficar calada e quietinha. Mas, por favor, o tempo é curto. *(Ela o beija.)* Está mais quente. *(Beija.)* Delícia, essa língua macia, roçando a minha! *(Beija.)* Esperei tanto por isso! Quero mais. *(Beija.)* Não vai me usar? Me usa, anda. Abusa de mim. Sou como as outras. Se deixar, faço você feliz. *(Sincera.)* Deixa que eu te ame. *(Beija-lhe o pescoço, o peito e desce. De joelhos, abraça-lhe a cintura. Ouve-se a voz de Cecília. Helena ergue-se, eles se afastam. Entram Cecília, de longo, e Thomaz, de smoking.)*

CECÍLIA

Não gostei, Helena! Detestei! O que é isso de raptar meu marido, sair na frente e me deixar pra trás com o seu! E vir voando pra esse cemitério!

THOMAZ

(A Bernardo.) Avançou tantos sinais que não consegui te seguir! Pôs em risco a mulher da minha vida! *(Beija Helena, abraça e beija Bernardo.)*

BERNARDO

Tudo bem, mano? Não deu pra te abraçar naquele lugar com tanta gente!

CECÍLIA

Nem eu nem seu marido apreciamos troca de casais! Que pressa estranha!

BERNARDO

(A Thomaz, segurando-lhe os ombros.) Você sempre observando de longe.

HELENA

(A Cecília.) Eu não estava dirigindo. Vim só ensinando o caminho.

THOMAZ

E você, sempre assediado. Seu discurso foi muito aplaudido. Parabéns!

BERNARDO

(Olhando-o nos olhos.) Que saudade, maninho!

CECÍLIA

(A Helena.) Quem escolheu esse lugar? Nunca vi um colunista recomendar isso aqui!

THOMAZ

(Segura-lhe os ombros.) Pois é, quanto tempo!

HELENA

(A Cecília.) Eu sugeri. *(Presta atenção à conversa dos homens.)*

THOMAZ

Que bom ver você em forma, alegre e iluminado!

CECÍLIA

(A Helena.) Pra se divertir ou se esconder? Esse lugar é out de qualquer coluna!

BERNARDO

Está mais magro... e com olheiras, maninho! Você está bem?

THOMAZ

Eu? *(Sorri, misterioso.)* Vou indo, vou indo... Não tão bem quanto você...

CECÍLIA

(A Helena.) Só falta chegar o defunto pra começar o velório.

BERNARDO

Esqueceu que mamãe proibia comparações? Por quê? O que tá pegando?

THOMAZ

A vida: plantões de mais, sono de menos, muitos casos terminais.

CECÍLIA
(A Helena.) O que vocês pretendiam, vindo naquela correria?

THOMAZ
Não sei como consegue estar tão bem com essa vida maluca!

BERNARDO
Me cuido. Corro e nado toda manhã...

CECÍLIA
(A Helena.) Ficar a sós um pouco?

BERNARDO
E equitação no fim de semana. Não faz exercícios? É médico sedentário?!

HELENA
(A Cecília.) Você diz eu e seu marido a sós? Pra quê?

THOMAZ
Virou atleta, mano! Ótimo! Não tenho tempo.

CECÍLIA
(A Helena.) Se não foi suficiente, dou outra volta com o seu marido.

BERNARDO
Legal ver você no coquetel. Me senti prestigiado. Obrigado, mano.

HELENA
(A Cecília.) Escuta aqui: está com ciúme de mim? *(Cecília confirma.)*

ALCIONE ARAÚJO

THOMAZ

Me orgulho de você. Pena papai e mamãe não estarem pra ver você brilhar!

HELENA

(A Cecília.) Tem cabimento? Na cara do meu marido, irmão do seu?

THOMAZ

(Sorrindo.) Mas precisa respeitar os sinais de trânsito!

HELENA

(A Cecília.) Sou amiga do Bernardo antes de você aparecer, querida.

BERNARDO

Parar em sinal a essa hora é suicídio!

CECÍLIA

(A Bernardo.) Seu irmão para em todos os sinais, mas escapamos vivos! Suplicava pra ele avançar, e ele, colado ao volante, corria feito tartaruga!

THOMAZ

Eu sei como chegam ao hospital os apressadinhos que avançam sinal!

CECÍLIA

Te azucrinei pra chegar depressa aonde nem somos bem-vindos!

HELENA

(Enlaça Thomaz.) Só não conhecendo meu marido pra querer que ele corra e avance sinal! Esse não dirige a mais de

DEIXA QUE EU TE AME

oitenta, não joga lixo na rua, não fura fila, não pisa a grama, não atravessa fora da faixa, não sobe na calçada...

THOMAZ

As leis existem para serem cumpridas.

CECÍLIA

(A Bernardo.) Rodamos horas pra achar uma vaga. A dez quadras daqui!

BERNARDO

Parei aqui na porta.

CECÍLIA

(A Bernardo.) Acredita que seu irmão deu dinheiro pro guardador?!

THOMAZ

(A Bernardo) Subiu na calçada? *(Rindo.)* Belo exemplo de homem público!

BERNARDO

O carro não é meu, e tenho mais o que fazer pra ficar procurando vaga.

CECÍLIA

Tinha que voar do coquetel pra esse sepulcro!

BERNARDO

(A Thomaz.) Dá dinheiro a esses caras que se apropriam da via pública?

THOMAZ

Se não der, arranham o carro, furam o pneu, quebram o vidro...

BERNARDO
É porque alguns pagam que a população vira refém desses caras!

CECÍLIA
Isso quem sai de casa; a maioria fica atrás das grades, os bandidos como carcereiros. Quem não paga segurança privada é assaltada, sequestrada, estuprada ou leva bala perdida na cara! Eu é que não volto pra cá.

BERNARDO
Não reconheço mais minha cidade: foi corte, capital federal, tem carnaval, praia, sol, humor, irreverência; hoje amedrontada, humilhada e resignada!

THOMAZ
E a miséria crescendo pra cima da classe média, que se encolhe apavorada.

BERNARDO
E você acha que o dinheiro que dá pro guardador vai resolver? Quem tem obrigação de acabar com a miséria é o Estado, não a população. Se os programas sociais, que torram uma fortuna, são ineficientes por falta de gestão ou pela corrupção, o contribuinte não tem nada com isso. Ele paga os impostos mais altos do mundo! Tem direito à segurança. Mal estacionei, o pirralho veio dizer que ia tomar conta. Botei pra correr no grito. Se quando sair tiver se vingado no carro, chamo a polícia.

HELENA

(A Bernardo.) Ele te mata, meu querido, se ainda estiver lá. *(Cecília a fuzila com o olhar.)* E não acontece nada com ele. Nem vai preso.

THOMAZ

Esse pirralho devia estar na escola, não enjaulado com ladrão e traficante.

BERNARDO

Você deve ser dos que acham que bandido rouba, sequestra e mata porque é pobre ou tá desempregado. Maninho, problema social é problema social e se resolve com emprego. Crime é crime, e se resolve com a lei.

THOMAZ

(Tapinhas na mão dele.) Não é assunto pra sua festa, mano...

CECÍLIA

Esse lugar é um esconderijo. *(A Helena.)* Queria se isolar do mundo com meu marido? *(Provocação.)* Não acha, cunhado?

THOMAZ

(Ri.) Não os perdoai, Senhor. Eles sabem muito bem o que fazem.

HELENA

(Ri da provocação de Cecília.) Thomaz sabe a mulher que tem.

CECÍLIA

(A Helena, mesmo jogo.) E sabe o irmão que tem?

BERNARDO

Sabe. E você sabe o marido que tem. Devia cobri-lo de carinho hoje.

CECÍLIA

Por que hoje? *(Vai beijá-lo.)* Não quero beijo de casal entediado. *(Beija-o.)*

HELENA

(A Thomaz, evita olhar o beijo.) Você fica tão bem de smoking! Um galã!

THOMAZ

Pra quem vive de branco, é bem diferente. Você é que está linda!

HELENA

Que bom que notou.

THOMAZ

Fiquei orgulhoso: no salão apinhado de mulheres, a minha era a mais linda.

HELENA

São seus olhos.

THOMAZ

(Num jogo íntimo.) Eu já disse essa noite?

HELENA

Nem uma vez.

THOMAZ

(Ri.) Várias! Você nem ligou. Tá desatenta hoje! Gosto tanto de dizer, que digo o quanto quiser.*(Paixão.)* Eu te amo. *(Pausa.)* Quer mais? Eu te amo.

HELENA

Você é um amor.

THOMAZ

Não vai dizer? Não disse nem uma vez hoje. Tá inibida? *(Ela confirma.)* Diz. Pra eu ficar feliz.

HELENA

(Baixo.) Eu te amo. *(Ele tenta beijá-la.)* Aqui, não.

BERNARDO

(Escapa sufocado do beijo de Cecília.) Quase me arranca a língua!

CECÍLIA

Porque te amo, tenho tesão em você, te admiro, te respeito, te curto, te adoro com a paixão do meu coração, da minha alma, do meu corpo e de tudo mais o que há em mim! E esta noite você foi brilhante, seu discurso foi de gênio. De tão orgulhosa, viro adolescente! *(De uniforme e equipado pra arrumar a mesa, entra Olímpio. Bernardo o saúda.)*

BERNARDO

Olha a classe e a distinção do profissional com trinta anos de experiência!

OLÍMPIO

(Desiste de corrigir.) Muito obrigado. *(Forra a mesa.)* É bom quando o cliente reconhece nosso esforço.

CECÍLIA

(A Bernardo.) Não vamos demorar, né, amor? Voltamos cedo pra Brasília.

THOMAZ

(A Helena.) Também preciso estar às sete no hospital.

CECÍLIA

(A Bernardo.) Não vai dar pra ver a Clara dessa vez.

HELENA

Clara?

CECÍLIA

Minha filha. Do primeiro casamento.

HELENA

Não sabia que tinha uma filha.

CECÍLIA

Há dezesseis anos.

HELENA

Mora aqui?

CECÍLIA

Quando fui pra Brasília, ela preferiu ficar aqui, com minha mãe.

HELENA

(Após pausa.) Não te preocupa, você lá, e ela exposta a essa violência?

CECÍLIA

Fazer o quê?! Mas com a avó ela anda na linha. Mamãe é um sargento. Dá até pena, mas foi a condição pra Clara morar com ela. Tem que ser do jeito dela, durão e antiquado: colégio de freira, aula às sete da manhã, cama às dez da noite. Domingo, praia só depois da missa, e nada de biquíni. Ligo sempre, venho quando dá. *(Thomaz cochila. A mesa está forrada, sentam-se.)*

OLÍMPIO

O doutor quer que sirva o champanhe agora?

BERNARDO

Mais tarde. Já sabe o que há pra comer?

OLÍMPIO

Vou ver, doutor. Com licença. *(De saída, vê Thomaz.)* O senhor está bem?

THOMAZ

(Acorda. A Olímpio.) Sim, estou. É sono mesmo.

BERNARDO

(A Cecília.) Podemos ir amanhã mais tarde; você vê sua filha e sua mãe.

CECÍLIA

Não, esse coquetel vai me dar trabalho amanhã.

OLÍMPIO
(A Thomaz.) Não quer lavar o rosto?

THOMAZ
(A Olímpio.) Não, obrigado. *(Olímpio sai.)*

CECÍLIA
Aliás, que coquetelzinho de merda! Como é que pode! O cara compra uma megaempresa e dá aquele coquetel!

BERNARDO
Pagou nosso hotel, as passagens de avião, alugou o carro, deu o coquetel, e você ainda reclama?

CECÍLIA
Então, o bufê serviu gato e cobrou lebre. *(Pausa.)* Você viu o André com a Tereza dum lado e a Estela do outro? Escancarou geral!

HELENA
Escancarou o quê?

CECÍLIA
Um banqueiro, amigo do Bernardo, que vive nas colunas sociais, estava com a mulher e a amante em público.

BERNARDO
Colega de faculdade! Mais civilizado que as cenas de ciúme que há por aí.

CECÍLIA
A amante finge que não é, a esposa que não sabe. E as duas fazem o pé de meia. Viu como a Pámela Totty envelheceu?

Esticou tanto a pele, que se fechar a boca, o cu abre. O Gusmão tá comendo. Metade da idade dela!

BERNARDO
(Sorri a Helena.) Ela come ele! *(A Cecília.)* O ex-marido, em quem ela deu o golpe do baú, está falido, com bens indisponíveis e passaporte preso pra não fugir do país.

CECÍLIA
Parecia encontro de empresários falidos, maridos traídos, mulheres fodidas.

BERNARDO
Alice Lorine continua uma mulher linda, gostosa e rica no mesmo chassi.

CECÍLIA
Homem tem tara por perua e piranha. Por isso a matilha cresce tanto.

BERNARDO
Tem coragem de dizer que Alice é perua? Mulher nunca vê virtudes na outra! *(A Thomaz.)* Alice é uma deusa! *(Vê que Thomaz cochila e beija os cabelos do irmão.)*

CECÍLIA
Vinte e três plásticas contadas nos dedos. Também vive nas colunas!

BERNARDO
Reinava soberana, assediada pelos homens mais poderosos deste país. Foi a rainha da noite! Depois de vocês, é claro.

CECÍLIA

Falar em poderosos, esse coquetelzinho tem que dar repercussão nacional. Quero que seja comentado em certos gabinetes de Brasília.

BERNARDO

Mais importante que o coquetel foi o que aconteceu lá.

CECÍLIA

(Acende-se.) O quê?

BERNARDO

Não, não vou dizer.

CECÍLIA

(Curiosa.) Não vai dizer por quê?

BERNARDO

Se eu disser, você vai pular no meu pescoço agora.

CECÍLIA

(Ansiosa.) Aconteceu com você?

BERNARDO

Não posso dizer.

CECÍLIA

Não pode dizer se foi com você?

BERNARDO

Não, Cecília. Não posso dizer.

CECÍLIA

Se não foi com você, não interessa divulgar.

BERNARDO

Foi comigo.

HELENA

(Acorda Thomaz com um cutucão.) Descortesia, amor!

CECÍLIA

E o que aconteceu? *(Bernardo sorri.)*

THOMAZ

(A Helena.) Desculpa.

CECÍLIA

Não vai dizer o que foi?

BERNARDO

Não posso.

CECÍLIA

(Enciumada.) Segredo mais besta! Nem a família pode saber?

BERNARDO

Não, não pode.

CECÍLIA

Deixa de ser chato, Bernardo.

THOMAZ

É coisa boa ou ruim?

BERNARDO

É ótima! Maravilhosa! Sensacional!

CECÍLIA

Que descortesia ficar com segredinhos na frente das pessoas!

HELENA

Se foi ótima pra você, nem precisa dizer, é ótima pra nós.

CECÍLIA

(Irritada.) Se não queria falar, não anunciasse. Saco!

BERNARDO

Essa notícia tem hora pra ser divulgada. Quando for oportuno, vou dizer.

CECÍLIA

Bem que senti alguma coisa no ar. Pode dizer, sei qual é hora oportuna.

BERNARDO

Pra encerrar o assunto: a notícia é ótima, e eu estou muito feliz!

CECÍLIA

Mas não tá alegre. *(Põe um papelote na mão dele.)* Vá passear no banheiro. Vê se volta mais alegrinho. *(Bernardo disfarça, e se afasta.)*

THOMAZ

(Baixo, apreensivo.) O que deu pra ele? Estimulante?

CECÍLIA

Cocaína.

THOMAZ

(Alarmado.) Cocaína?! *(Troca olhar com Helena.)*

DEIXA QUE EU TE AME

HELENA

Meu Deus! No carro, ele aspirou o pó branco de um papel-
zinho. Era isso?

THOMAZ

(Estarrecido.) Bernardo é dependente?

CECÍLIA

Gente, que caras são essas? Ele não é viciado, e cocaína não
é veneno. Eu também uso. Imagina, a gente saiu hoje cedo de
Brasília, de manhã ele teve reuniões, deu entrevistas à tarde,
fez discurso, falou com mil pessoas no coquetel! Está exauri-
do. A cocaína dá um brilho quando a pessoa tá apagadinha.
Faz mal nenhum. Só alegra e ilumina. Esqueci o que tava
falando... Ah, do coquetel! Por pior que tenha sido, tem que
ser noticiado. É importante pro Bernardo. Vou chegar cedo
em Brasília e passar o dia pendurada no telefone, sugerindo
nota no estilo de cada um dos colunistas e editores que fazem
a opinião pública do Brasil.

HELENA

(Após uma pausa.) Você é relações-públicas dele?

CECÍLIA

Sou a esposa dele. Profissionalmente, nem sei explicar.
Como vou separar? Ralei na Economia de alguns jornais.
Conheço o pessoal do setor. Por isso me convidaram pra
Comunicação do banco. Na minha função, tenho contato
direto com a imprensa; quando dá, jogo luz na imagem dele.
Não há nada de errado. Ninguém tira nada de ninguém nem
prejudica a instituição. Ele é respeitado no banco e faz uma

carreira brilhante. Só precisa de visibilidade, que é a face
pública do trabalho dele.

HELENA

Então, é por isso que ele tá sempre nos jornais!

CECÍLIA

Sempre, não. Imprensa é como filme — expor demais, queima
logo. Ele aparece quando convém. Digamos que vai ter um
jantar importante no Itamaraty. Mexo meus pauzinhos no
cerimonial, ele entra na lista de convidados. Se o filho de um
editor faz aniversário, lá vou eu sábado de tarde pra festa de
criança. É o senador que mora no hotel porque a família odeia
Brasília? Convido pro almoço de domingo ou um jantarzinho
familiar. Consigo que esteja na mesa de pôquer do ministro,
jogue tênis com o embaixador. E passo notas quentes aos
colunistas. Acerto entrevista num talk-show sobre variação
cambial e aviso as colunas de TV. Pra não vulgarizar, sugiro a
um jornalão que ele escreva artigo sobre ética na vida pública.
Como sou fonte, quando preciso, os coleguinhas retribuem.
*(Bernardo surge de canudo na mão no tablado-banheiro sob
luz intensa e irreal. Luz desce na mesa, onde a cena segue.
Ele fala ao público.)*

BERNARDO

Gosto desse estado de energia em que estou: lúcido e po-
deroso. Sou um cara no alto da montanha, prestes a voar,
sem medo de nada, nem da morte. É o que sinto às vésperas
de segurar com as duas mãos o sonho da minha vida. Deus
não reparte talento e determinação de maneira democrática

e republicana. Nem a competição é invenção do capitalismo: está no DNA, na alma do homem. O ar está aí, mas cada um aspira o que o pulmão pede. *(Enche o peito.)* Eu venci. Avancei às cotoveladas e venci. Agora, quero o meu em vida, não renuncio a nada nem sinto culpa. Sou um cara do meu tempo. Não acredito em utopias nem quero mudar o mundo — sou objetivo, aceito-o como o encontrei. O celular encurtou o tempo, a Internet encolheu o planeta, o capital não tem pátria, a moeda é uma ficção e o consumo diluiu as classes. Se antes temia-se a união das massas, hoje o pânico é a evasão de capitais. Quando a economia dá as cartas, a política assiste ao jogo. O mundo do cada um por si, do salve-se quem puder tem sua ética: se não uso uma arma, o concorrente, o adversário ou o inimigo vai usar. Arma não importa, importa é vencer. No pôquer que virou o mundo, tem-se que esconder as emoções, fingir, mentir e blefar. Sinceridade é doença de ingênuo — os políticos sabem disso. *(Aperta a narina e aspira.)* Helena virou um fio desencapado, mas não posso acreditar nessa paixão depois do que ela me fez. Não quero fazer meu irmão sofrer. Amo o Thomaz! Ele é a minha família. Sempre fui o atirado, e ele, o tímido; eu, o presunçoso, e ele, o modesto; eu, insolente, ele, respeitoso. Com ele, as meninas queriam estudar e aprender a jogar xadrez, namoros e amassos eram comigo. Ele tem muito respeito humano e nenhuma ousadia. E sem agressividade, não se rapa nada — nem as mulheres gostam de homem suave. *(Aperta a narina e respira.)* O convite de hoje realiza o meu sonho. Mas nem isso me pacifica. Todos

morrem insatisfeitos; e vivem insatisfeitos porque morrem.
Tudo que distrai a morte é bem-vindo! *(Ele volta à mesa.)*

THOMAZ
Então, tudo é acertado com a imprensa? Não é tão difícil ficar famoso.

HELENA
Sei de histórias parecidas com músicos. Mas não chegaram a esse ponto.

CECÍLIA
Mas não é qualquer notícia, nem com todo jornal. Tem que saber embalar.

THOMAZ
Se ele fica muito conhecido, pode ascender; quem sabe, chegar a ministro.
Puxa, Cecília, então, boa parte do sucesso do Bernardo deve-se a você.

BERNARDO
(Euforia.) Ela sabe a receita do sucesso! *(Cecília pede o papelote.)* Morreu.

CECÍLIA
Cheirou sozinho o último grama? Seu egoísmo ainda acaba em overdose!

BERNARDO
(Rindo.) Liga pro seu amigo que faz Cocaine-delivery.

CECÍLIA

(A Helena.) Não vai tirar o olho do meu marido, não? Parece cobra atraindo sapo!

BERNARDO

(Rindo.) Cecília! Vê como fala com minha cunhada!

CECÍLIA

(A Helena.) Por que tanto olha pra ele, posso saber?

HELENA

Estava vendo como a boca do Bernardo parece com a do Thomaz. Adoro boca, acho sensual. A sua também é bonita.

CECÍLIA

Mas só beija a do meu marido. *(Beija Bernardo.)*

THOMAZ

Fiquei impressionado com o seu trabalho, Cecília. Parabéns!

CECÍLIA

Nem imagina a ralação!

BERNARDO

Se ela não fizesse o que faz, minha carreira seria muito mais lenta.

CECÍLIA

Ainda bem que reconhece! Difícil mulher como eu, que aceita viver em função do marido. *(A Helena.)* Hoje, até as casadas agem como solteiras! *(Afasta-se, digitando no celular.)*

BERNARDO

Os casais ficam juntos por afinidades, tesão, comodismo, interesses materiais, enfim, mil motivos. Bacana vocês estarem juntos por amor.

CECÍLIA

(Ao telefone.) Quem fala? É o Beto? *(Eufórica.)* Beto-Miojo! É a Cecília!

BERNARDO

(Eufórico.) Vai ser uma noite iluminada, alegre e inesquecível! Eu mereço!

HELENA

Divirta-se! Você merece! Que bom compartilhar esse seu momento!

THOMAZ

(Baixo, cauteloso, íntimo.) Mano, você usa cocaína?

BERNARDO

(Surpreso.) Poderia dizer que sim. Como te conheço, digo que não. *(Ri.)*

THOMAZ

Não vou dar conselho a um adulto na sua posição, Bernardo. A vida é sua, você é livre. Mas, como irmão e como médico, é meu dever alertar: é a droga mais fácil de criar dependência, e a mais difícil de se livrar...

BERNARDO

(Rindo.) Não sou criança, meu querido, nem viciado! E a vida é minha.

CECÍLIA

(Alegre.) Beto-Miojo tá na área! *(Vai para o banheiro.)*

THOMAZ

(A Bernardo.) Desculpa. *(Afasta-se.)*

BERNARDO

(A Helena.) Sabe do que me lembrei no banheiro? Até me arrepiei. De você tocando piano.

HELENA

(A Bernardo.) Verdade? Você se lembrou? Estou emocionada.

BERNARDO

Incrível, sua persistência! Repetia mil vezes cada passagem! Concentrada, não havia nada no mundo além do teclado e do som.

HELENA

Tenho duas paixões na vida. *(Vê que Thomaz dorme.)* Uma é tocar piano.

BERNARDO

Quantas horas estuda por dia? Ainda dá aqueles concertos maravilhosos?

HELENA

Parei de tocar, Bernardo. Há muito tempo.

BERNARDO

(Tocado.) Helena! Não acredito! Com o seu talento! Você fechava os olhos e parecia ir junto com o som, a alma flutuando perto de Deus! Sua expressão ao tocar me fazia crer que

o músico é um ser com chance de ser feliz. Me lembro dos concertos que fui com você. *(Acaricia sua mão.)* Esses dedos dançavam nas teclas, o som voava pelo teatro, as pessoas se emocionavam, eram momentos deslumbrantes! Eu olhava à minha volta, o público aplaudia de pé. Você voltava várias vezes ao palco.

HELENA

Ninguém se lembra que fui pianista. Papai morreu reclamando de injustiça.

BERNARDO

(De mãos dadas com Helena.) Por que, meu Deus, parou de tocar?

HELENA

Não sei. Evito pensar nisso. Uma parte de mim, talvez a melhor, morreu. A que resta viva carrega a outra. *(Baixo.)* Não quero que Thomaz saiba.

BERNARDO

(Baixo.) Quero saber o motivo: por quê, Helena?

HELENA

Não há público, ninguém se interessa pelo piano. Há poucos lugares pra pianista se apresentar, são raras as orquestras. *(Thomaz acorda.)* Tocar, só no exterior. Mas, se solteira era difícil, casada então!, mesmo sem filhos! *(Thomaz os surpreende de mãos dadas. Cecília surge no tablado-banheiro sob luz intensa, irreal. Na mesa, luz desce, cena segue. Ela fala ao público.)*

CECÍLIA

Toda vez que penteio o cabelo ou retoco a maquiagem, sinto o que disse uma atriz numa entrevista: é tanta a raiva de ver o estrago que o tempo faz que dá vontade que a imagem suma espelho adentro. E se me pergunto quem sou eu, não sei responder. Me escondo atrás da maquiagem ou me sepulto tão dentro de mim que só o Freud pra desenterrar. Li uma matéria em que um sociólogo diz que a sociedade nos obriga a representar tantos papéis que as pessoas se perdem de si. Me sinto uma cebola, uma casca sobre a outra, sem nenhuma essência do que sou eu. Sempre quis que as pessoas ficassem contentes comigo e fazia o que elas queriam ou que me mandavam — e nunca soube o que eu queria. Agora é tarde pra perguntar quem sou eu e o que quero. Mas me pesam os sonhos frustrados, os desejos não realizados e essa areia movediça em que vou me afundando. Bernardo é um homem maravilhoso! Como todo homem, é inseguro, precisa de elogios, de admiradores, de bajulação. Sem o séquito e a pompa, nu na cama, é um menino que tem medo de assombração. Quando me apaixonei por ele, não sentia nada na cama; ele me comparava com outras, e tenho ciúme retrospectivo. É horrível, mas passei a gemer, tremer, gritar e fingir que gozava, pra ele não se decepcionar nem fazer perguntas. Mas, não sei por quê, cresceu essa barreira entre nós: a gente se olha e ele não me vê; se o toco, ele não sente. As colegas me criticam, mas pelo que li numa revista, sou pós-feminista: posso ser o que sou! Odeio cenas de ciúme, explosões de agressividade, as lágrimas no banheiro, as desculpas, reconciliações e juras de amor! Preciso da certeza de que terei um homem na minha cama. Tenho vergonha, mas estou na contramão das mulheres independentes. Mas sei o que é trabalhar pra criar uma filha sozinha! Tenho pavor, só de pensar estremeço, de que Bernardo se apaixone por outra e vá embora. Como fez o pai da minha filha. *(Volta à mesa. Luz geral. Thomaz segue observando Helena e Bernardo de mãos dadas.)*

THOMAZ

Helena, não entendi. Você acha que sou o empecilho pra você sair do país?

HELENA

Não, querido. Disse que pra ser pianista tem que sair do país, mas escolhi ficar. Se saísse, não teria volta.

BERNARDO

(Alterado, a Cecília, que se aproxima.) Ficou linda de repente, querida!

THOMAZ

(Aspirando.) Que perfume!

BERNARDO

Irresistível!

CECÍLIA

Desculpa, mas não consigo ficar calada, é mais forte do que eu. Não me levem a mal, mas não aguento ver vocês de mãos dadas! *(As mãos soltam-se.)* Olha como fico trêmula, o coração dispara, a garganta aperta.

THOMAZ

Não será a cocaína?

CECÍLIA

É pior: overdose de ciúme! Adoraria ser moderna, mas não sou.

BERNARDO

Ao menos, seja gentil! Convidamos Thomaz e Helena pra jantar e...

CECÍLIA

(A Helena.) A família cai de quatro por você, mas o meu é meu!

BERNARDO

Cecília!

CECÍLIA

Bernardo! Não me vem com censura! Não me fala nesse tom!

BERNARDO

Essa disputa com Helena é fantasia da sua cabeça!

CECÍLIA

(Ameaça contida.) Não fala assim comigo, Bernardo!

BERNARDO

Então, acaba com a paranoia.

THOMAZ

(A Helena.) O que está acontecendo, Helena?

BERNARDO

Respeita meu irmão, minha cunhada e a mim.

HELENA

(Enlaça Thomaz.) Não sei, amor. Coisas de casal. Não vamos nos meter.

BERNARDO

(A Cecília.) Tá zangada com quê? Por quê? Viemos festejar. De repente, você fica louca!

CECÍLIA

Dá vontade de te esganar...

BERNARDO

(Corta.) Vamos deixar essa discussão pra lá e falar de...

CECÍLIA

(Corta.) Por que você tem uma mulher, Bernardo? Pra quê?

BERNARDO

(Rindo.) Pra quê? Que pergunta é essa? Pirou? *(Dá risadas.)*

CECÍLIA

Quero saber. Me diga. O que eu significo pra você?

BERNARDO

Desculpa, Cecília, mas não vou tratar desse assunto num restaurante, diante dos meus convidados. Em Brasília, sozinhos em casa, teremos tempo pra discutir nossa vida particular, nosso relacionamento e o futuro de tudo isso.

CECÍLIA

(Assustada.) Por que o futuro? O que quer dizer? *(Nota que a olham.)* A conversa tava animada e... parece até que morreu alguém.

BERNARDO

E morreu.

CECÍLIA

Quem?

BERNARDO

Uma pianista.

CECÍLIA

Pianista? Quem? Você conhecia? Eu conheço?

BERNARDO

(A Helena.) Lembro do primeiro concerto que me levou, no Municipal...

CECÍLIA

A pianista que morreu é ela?

THOMAZ

(A Cecília.) Morreu no sentido figurado. *(Cecília faz careta para Thomaz.)*

BERNARDO

Já fiquei orgulhoso quando você entrou como solista, a orquestra toda de pé. Você estava linda, muito branca, num longo preto, cabelos soltos. O maestro ergueu a batuta, a orquestra atacou a introdução, o teatro tremeu. Tive medo que errasse. Seu cabelo escorria e cobria o rosto. Quando o piano entrou sozinho a primeira vez, parei de respirar. Cada nota voava como um pássaro e vinha pousar no meu ouvido. Logo, o medo virou encantamento. E me apaixonei por você naquele concerto.

CECÍLIA

(A Thomaz.) Ele está falando da sua mulher!

THOMAZ

Eu sei. *(Cecília fica pasma.)*

BERNARDO

Pra mim, estava decidido: nos casaríamos e seríamos felizes para sempre.

CECÍLIA

(Estupidificada.) Não tô entendendo mais nada. Quê que tá acontecendo?

BERNARDO

Deu vontade de correr pela plateia gritando que você era minha namorada.

HELENA

Que lindo! *(Joga-se nos braços dele.)* Você nunca me disse isso, Bernardo!

CECÍLIA

Alguém pode me explicar que merda está se festejando nesse cu sujo!?

BERNARDO

Volta a tocar, Helena. Não pode abandonar o que faz tão bem. Meu Deus! Helena, lembrei que aqui *(mostra o tablado)* tinha um piano! Lembra?

HELENA

Claro! Um Essenfelder. Ficava na frente dos outros instrumentos.

BERNARDO

(Grita.) Olímpio! *(A Helena.)* Quem sabe não toca pra mim essa noite!

HELENA

Não se faz mais música ao vivo.

BERNARDO

Deve estar guardado. *(Grita.)* Olímpio!

HELENA

(Olha Cecília e Thomaz.) Outro dia, Bernardo, não estou preparada.

BERNARDO

Se preparou desde menina. Quero ouvi-la como no Municipal. Lembra, Helena? Era tão linda a vida! Quem sabe, ouvindo você tocar, não recupero a alegria daquele tempo! Minha sensibilidade está empoeirada, e a alegria de viver, a capacidade de amar... *(Olímpio entra de avental.)* Olímpio, cadê o piano que ficava aqui? Helena, essa pianista celestial vai tocar pra nós, Olímpio. Está nos fundos, no seu quartinho? Vamos trazê-lo pra cá!

OLÍMPIO
Foi vendido, doutor. A casa parou com música ao vivo.

BERNARDO
Se prepare pra fazer rodízio de carne e comida a quilo ou vão falir!

HELENA
Pra não falir, é só pendurar uma TV ali! Vai entupir de gente!

BERNARDO
Por que vendeu o piano, se a música explode o coração, arrebata o corpo? Quando ouço música, sinto que tenho alma. Pessoas mudam suas vidas se ouviram música num momento decisivo. Talvez eu fosse outro homem se continuasse assistindo aos seus concertos. Merda, acabo de descobrir que faltou música na minha vida.

HELENA
A arte não muda a vida de ninguém. Nem do artista.

BERNARDO
(Pausa.) Uma pena. A arte era uma esperança de voltarmos a ser humanos.

OLÍMPIO
Se o doutor me permite, lembrei de onde conheço o senhor e a senhora. Os dois, jovenzinhos, vinham aqui à tarde. A moça tocava piano, e o rapaz ouvia, sem tirar os olhos um do outro. Eram músicas lindas, que ouvíamos da copa. Um dia, servia o casal, e senti o clima de despedida: ela tocava, e as lágrimas corriam. Saíram abraçados. Descul e se fui

indiscreto, o senhor falou no piano, me lembrei do casalzinho daquela tarde. Com licença. *(Sai.)*

BERNARDO

(A Helena.) Volta a tocar. Não tira a alegria da sua vida.

HELENA

Não dá mais.

BERNARDO

Sempre dá. Basta querer. Não era a sua paixão?

HELENA

(Olha para Thomaz.) Vendi meu piano.

BERNARDO

(Abalado.) Você também? Vendeu, por quê? *(A Thomaz.)* Você deixou?

THOMAZ

Tentamos evitar, mas as dívidas cresceram...

HELENA

Estou falida. Fechei a confecção.

BERNARDO

(Sarcasmo.) Renunciou à paixão de sua vida!

HELENA

Não me fale em renúncia. Odeio essa palavra.

BERNARDO

Também vai pôr uma TV no lugar?

HELENA

Aquele piano foi presente de doze anos do papai. Se despedir do instrumento é como se despedir de um amor. Quando foram buscar, toquei o dia inteiro. Chorava tanto que os dedos escorregavam nas teclas. Ao ser levado da sala, tive a mesma sensação de quando levaram o caixão do papai.

CECÍLIA

(A Bernardo.) Ela foi sua namorada?

BERNARDO

Foi. *(Cecília fica pasma.)* Antes de namorar o Thomaz.

CECÍLIA

Por que me escondeu essa parte da história?

BERNARDO

Não escondi. Respeitei os dois. Talvez não gostassem de lembrar disso.
(Thomaz observa Bernardo afastar-se digitando no celular.)

CECÍLIA

O zumbi não para de trabalhar nem no jantar de comemoração!

BERNARDO

Primeiro o trabalho. *(A Thomaz.)* Me distrai. *(Ao telefone.)* E aí, Takarasha? Tóquio ainda acha que é decasségui? *(Ri.)* E a quantas anda o Índice Nikkei?

CECÍLIA

(A Helena.) Ousadia, a sua, namorar dois irmãos! Eu não teria coragem!

DEIXA QUE EU TE AME

HELENA

(A Cecília.) Não foi ao mesmo tempo.

BERNARDO

(Ao telefone.) Como fechou Nova York? Quem te contou do coquetel?

CECÍLIA

(A Helena.) Decidiu casar na família.

THOMAZ

(A Cecília, atento a Bernardo.) Isso não se decide, Cecília. Acontece.

BERNARDO

(Ao telefone.) Dow Jones, 1.43? E o Nasdaq?

CECÍLIA

(A Helena.) Sabe escolher seus homens!

BERNARDO

(Ao telefone.) C-Bond a quarenta e seis por cento do valor de face?

HELENA

(A Cecília.) Só me casei uma vez. Com o Thomaz.

BERNARDO

(Ao telefone.) Mais C-Bond, Takarasha. Mesmo volume, pro mesmo pessoal.

HELENA

Por que tem ciúme de mim? Dou motivo, por acaso?

CECÍLIA
Não é preciso motivo. E você dá!

BERNARDO
(Ao telefone.) Só feche com deságio de quarenta e seis por cento. Pra repassar com trinta por cento.

HELENA
(Sorri.) Acha mesmo que tenho interesse no seu marido?

CECÍLIA
Que mulher não teria interesse no meu marido? Você não larga do pé dele!

BERNARDO
(Ao telefone.) Obrigado. Qualquer novidade, me liga. Abração. *(Volta à mesa.)*

HELENA
Conheço bem seu companheiro. Quase me casei com ele.

THOMAZ
(A Bernardo.) Num minuto, sem piscar, ganhou dezesseis por cento?

CECÍLIA
(A Helena.) Mas não casou. E agora é tarde.

THOMAS
(A Bernardo.) Isso é legal, mano? É previsto na lei?

BERNARDO
(A Thomaz.) Lei de mercado. É só uma comissãozinha.

HELENA

(A Cecília.) Não porque ele não quisesse.

CECÍLIA

(A Helena.) Nessa versão, você largou o Bernardo e ficou com o irmão.

THOMAZ

(A Bernardo.) Todo mundo ganha e ninguém perde?! Como é possível?

BERNARDO

(A Thomaz.) São papéis sem lastro, que rodam mundo, mas não se resgata. Pagam-se impostos e abatem-se dívidas com o Estado. Compra-se com deságio por sessenta, e abate-se cem da dívida. O Estado emite moeda pra cobrir a diferença. Ou se acerta no futuro, sabe Deus quando!

CECÍLIA

(A Helena.) Por que trocou Bernardo pelo Thomaz?

THOMAZ

(A Helena.) Fala, amor. Não há o que esconder.

BERNARDO

Cecília! Isso é da intimidade de Helena.

CECÍLIA

Se o escolhido e o preterido não se incomodam, eu gostaria de saber.

BERNARDO

(Chama.) Olímpio! Olímpio!

THOMAZ
Responde, amor! Por que tanto mistério?

BERNARDO
(A Cecília.) Talvez não se sinta bem em falar na nossa vista.

CECÍLIA
Por quê? Deu versões diferentes a cada um de vocês?

HELENA
Minha vida não é pra exibição pública. Não me interesso pela imprensa nem ela por mim.

CECÍLIA
A imprensa não se interessa por qualquer um. Mas ela pode ser útil aos médicos. Seu marido, que parece ser bom profissional, não deve atender políticos, socialites, celebridades da TV porque não tem visibilidade...

BERNARDO
(Pasmo.) Cecília, que babaquice é essa?!

CECÍLIA
... não é notícia, não tem mídia, não tem prestígio público...

BERNARDO
Deixa de ser estúpida, mulher!

CECÍLIA
... ganha mal, dorme nos jantares, mora no Grajaú e tem um Gol usado.

BERNARDO
(Grita.) Porra! Ficou maluca?

CECÍLIA

Esse é o marido de quem se orgulha, e que trocou pelo meu: um fracasso!

BERNARDO

(Berra.) Cala a boca, Cecília!

CECÍLIA

(Grita.) Por que está gritando comigo! Só porque eu sou mulher?!

BERNARDO

(Grita.) Cala a boca ou vai embora agora!

CECÍLIA

Não me manda calar a boca! Eu saio de mim! Não respondo pelo que faço!

BERNARDO

Eu é que vou sair de mim, se você disser uma palavra sobre o meu irmão e minha cunhada! Não tem educação? Não respeita ninguém? Quem você pensa que é? Jornalista não é! Não faz nada que tenha a dignidade do jornalismo. Faz tráfico de influência, troca de interesse miúdo de político corrupto, banqueiro, colunista sem ideias, editor sem notícia. Ganha a vida com os amiguinhos da agenda — sem a agenda você não é porra nenhuma! Thomaz é um puta médico, dedicado à profissão, interessado nas pessoas! Você se contaminou pela obsessão de poder de Brasília. *(Entra Olímpio.)* Serve o champanhe. *(Olímpio serve.)* Vamos relaxar. Ainda bem que o mundo não é feito de quem tem poder, tem mídia, ganha bem e mora bem...

CECÍLIA

Meu mundo é feito dessas pessoas. O seu também. Nós somos assim.

BERNARDO

Eu, não! Me lixo pra esse poder, você sabe! Serviço público é pra gente resignada, sem sonho nem ambição. Pra mim, o cargo é só vitrine, um trampolim pra iniciativa privada. Brasília é passagem obrigatória, mas temporária. Favorece relações e ilumina currículo, mais nada! Entendido o funcionamento da máquina, bye-bye, cargo público!

CECÍLIA

Há quanto tempo eu digo isso! E peço pra gente voltar pra cá.

BERNARDO

Numa cidade que é o centro do poder político, quem não quer nada quer o poder. Mas quer poder político — um poder do século passado, que, hoje, é só fachada. Não entenderam quando o Clinton disse: "É a economia, estúpido!" Brasília tem a arquitetura do século XX mas faz a política do século XIX. Meus dias por lá estão contados.

CECÍLIA

(Assustada.) Como, assim? Por quê? O que aconteceu?

BERNARDO

Já deu o que podia me dar.

CECÍLIA

Deu? Não tô entendendo. Que novidade é essa? E eu, como é que fico?

DEIXA QUE EU TE AME

BERNARDO

Não é da assessoria de comunicação? Não tem que divulgar a política econômica? Eu gostaria de saber de onde vem sua autoridade moral pra dizer o que disse do Thomaz. Vocês, jornalistas, dizem que perguntar não ofende. Me diga: você acha que é jornalista? Você conseguiria emprego fora do governo, em jornais, revistas e televisões?

CECÍLIA

Hoje, não sei. Com a crise e o mercado de trabalho saturado, é difícil.

BERNARDO

(Ergue a flûte.) Vamos brindar! Vamos brincar! E tentar ser feliz!

CECÍLIA

Brindar a quê?

BERNARDO

À nossa saúde! À alegria de estar vivo! A esta noite! Ao meu irmão querido. À minha cunhada. A este encontro!

HELENA

(Ergue a flûte.) Ao seu sucesso!

CECÍLIA

Por que não brindar à novidade do coquetel?

BERNARDO

Se não precisar dizer qual é, vamos brindar!

CECÍLIA

Não, senhor! Tem que dizer! Não se brinda um segredo.

BERNARDO

(Vê Thomaz sem flûte.) Não vai brindar?

THOMAZ

Obrigado, mano. Vou dirigir. E moro *(olha Cecília)* no Grajaú!

BERNARDO

Uma taça de champanhe não faz mal, Thomaz. *(Chama.)* Olímpio!

THOMAZ

Tenho cirurgias amanhã cedo.

BERNARDO

Um gole, maninho! Faz mal nenhum! *(Alto.)* Outra taça, Olímpio!

THOMAZ

Só pra brindar o seu sucesso de hoje.

CECÍLIA

Pô, Bernardo, você me mata de curiosidade. Que segredo vamos brindar?

BERNARDO

(Baixo.) Não sai daqui. *(Pausa.)* Fui sondado pra dirigir um banco privado.

CECÍLIA

(Entre gritos e palmas.) Uau! Meu Deus, que loucura! *(Abra-ça-o e beija-o.)* Eu te amo! Te adoro! Meu homem é o meu deus!

HELENA

(Abraça-o.) Estou feliz por você!

THOMAZ

Foi sondado, mas é claro que aceitou, né?

CECÍLIA

Tava desconfiada. Tinha banqueiro demais lá.

BERNARDO

Na hora! Meu sonho antigo. Hoje é o dia mais importante da minha vida.

CECÍLIA

Minha intuição dizia que era por aí!

THOMAZ

(Abraça-o.) Parabéns, mano! Papai ficaria orgulhoso de você.

CECÍLIA

(Taça erguida.) Ao homem vitorioso que eu amo!

HELENA

(Taça erguida.) Estou orgulhosa de você! Ao seu sucesso!

THOMAZ

(Taça erguida.) Aos que não têm medo de ser o que são!

BERNARDO

(Taça erguida.) Muito obrigado pelo carinho de vocês! *(Brindam.)*

CECÍLIA

Parece um sonho: meu marido banqueiro! *(Olímpio serve mais a todos.)*

THOMAZ

(A Bernardo, rindo.) Papai ia dizer: "O cavalinho azul ganhou o páreo!"

BERNARDO

(Às risadas.) Diria assim: *(imitação)* "O cavalinho azul ganhou o páreo!"

CECÍLIA

Não me diga que tiveram um cavalo azul! Só eu não sei nada de você.

BERNARDO

(Alegre.) Papai não tinha como bancar o Thomaz na medicina e eu na economia com a renda do armarinho. Meu curso tinha mais folga, arranjei um emprego: vender publicidade na lista telefônica. Cruzava a cidade a pé, num terno surrado e calor de 40 graus. Me metia em funerária, lavanderia, mecânica, qualquer porta aberta. As vendas eram mostradas num painel, e cada vendedor era um cavalinho de patas esticadas, dando o que podia. Eu era o cavalo azul, sempre dos últimos — o último ia pra rua. Fim de mês, no pânico da demissão, era uma guerra de perdedores. Um mês o ca-

DEIXA QUE EU TE AME

valinho azul vendeu tão pouco que nem entrou no painel.
Fui pra rua. *(Ri.)* Até hoje odeio corrida de cavalo! *(Conduz
Thomaz pelo ombro, afastam-se. Olímpio serve Helena e
Cecília, que mal se olham.)* Ficou magoado com Cecília?

THOMAZ

Vai passar.

BERNARDO

Não fique. Aquela arrogância é do meio que a gente vive.

THOMAZ

Agradeço sua defesa. Mas ela tá certa.

BERNARDO

Porra nenhuma! Vai dar ouvido a uma ciumenta maluca?!
Ela quer me ferir.

THOMAZ

Não sabe da minha vida, mano. A gente mal se vê. Só se fala
pelo telefone...

BERNARDO

Vamos aproveitar e botar a conversa em dia. Me diga como
vai a vida.

THOMAZ

Quero, sim, conversar com você, mas não aqui, nem agora.
(Voltam à mesa.)

BERNARDO

Você aqui, eu em Brasília, se esperarmos hora ideal... Como
vão as coisas?

THOMAZ

(Olham-se.) Quer mesmo saber? *(Pausa.)* Vão mal.

HELENA

(Do seu lugar.) Vê se é hora, Thomaz!

BERNARDO

Puxa, maninho! Mal mesmo?

THOMAZ

Uma merda.

HELENA

(Do seu lugar.) Não exagera, querido!

BERNARDO

(Olha Helena.) Em casa... ou no trabalho?

THOMAZ

Em casa, no trabalho, na rua, no banco, na medicina, na cama, no país, na vida... Tanta coisa vai mal, que o erro deve estar em mim, não nas coisas.

HELENA

(Do seu lugar.) Não se faça de vítima, Thomaz! *(Afasta-se, irritada.)*

BERNARDO

Tanto desacerto com uma pessoa como você, mano! Nem a medicina, sua paixão, se salva? *(Olímpio serve champanhe aos dois.)*

THOMAZ

Trabalhar em hospital público, Bernardo, é pior que ser médico na guerra. Entre num pra ver. Atropelado, baleado, esfaqueado, espancado, estropiados amontoados pelos corredores. Na minha unidade, são 100 mil por ano. Doze horas de plantão sem as mínimas condições, e um salário miserável.

CECÍLIA

(Lembrando-se.) Esqueci de incluir mamãe no plano de saúde! (Bernardo a encara.) Médico é uma profissão linda, humana e nobre!

BERNARDO

Está lendo o *Manual do escoteiro*?!

CECÍLIA

Quem, hoje em dia, se dedicaria a salvar vidas e aliviar a dor humana?

THOMAZ

Se aliviar a dor desse pra manter a família! (Dá a flûte a Olímpio.) Paro por aqui. Tenho cirurgia amanhã. Cuidado, vão te pegar no bafômetro, hein!

BERNARDO

E como os médicos reagem?

THOMAZ

Debandada geral. Minha instrumentadora se mandou. Largou o paciente aberto na mesa pra ir procurar um grampo.

HELENA
Thomaz, tem dó. Vamos mudar de assunto!

THOMAZ
Não se faz mais tomografia e só há um raio x em operação. O teto de uma sala de cirurgia desabou; na outra o esgoto entupiu — com risco de infecção hospitalar. Quatro, cinco morrem por dia sem atendimento.

BERNARDO
Esse hospital não pode funcionar!

THOMAZ
Não, não pode. Mas também não pode fechar.

CECÍLIA
Por que não? Para tudo! Cria uma crise! Chama a imprensa!

HELENA
Falar de doente e hospital num restaurante é demais, Thomaz!

THOMAZ
O governo quer desativar a unidade e demitir o pessoal.

BERNARDO
Manda os mais graves pra outra unidade.

THOMAZ
É igual. Doente espera oito horas na maca, no chão, encostado na parede segurando o soro. Dia desses, o plantão tinha vinte e um. Atendi primeiro uma criança atropelada. Quando voltei pra escolher o seguinte, três estavam mortos.

Salvo um, perco três: sou médico ou carrasco? Um, de cabelo branco, rosto corado, a cara de papai. Fechei os olhos pra não ver papai morrer de novo.

CECÍLIA
Como escolhe quem vai atender?

THOMAZ
Imagina, eu decidir quem vai viver ou morrer! Virei Deus! Escolho primeiro o mais jovem ou que tenha mais chance com os aparelhos e a equipe de plantão. Se não posso fazer nada, ponho no respirador e deixo morrer. Minto pra família, que acha que houve atendimento, e até reza por mim. Em vez de medicina clínica, medicina cínica!

BERNARDO
O diretor do hospital tem que ser responsabilizado!

THOMAZ
Diretor não tem poder, não decide nada. É um médico como eu.

BERNARDO
Você ainda defende esse irresponsável?

THOMAZ
Irresponsável é quem dá destino aos impostos que a gente paga.

BERNARDO
Aí vêm políticos, corrupção, roubo, a lama de sempre. Sem solução.

ALCIONE ARAÚJO

THOMAZ

Os economistas não pesquisam, calculam, planejam? Com os recursos que preveem pra saúde eles sabem quantos serão atendidos, quantos vão se curar e quantos vão morrer. É a morte planejada. Um dedinho na tecla do computador e zilhões de reais saem da saúde: milhares de óbitos nos hospitais! Dedo de planejador é como o polegar de Nero: cristãos às feras, doentes aos cemitérios!

BERNARDO

Porra, mano! Defende os médicos assassinos e ataca os economistas?!

HELENA

(Pega a bolsa.) É hora de ir andando. *(Olímpio corre para a cozinha.)*

THOMAZ

Economistas têm mais poder que presidentes, ditadores e reis. Enquanto diplomatas brincam de negociar a paz e militares se divertem em matanças, os economistas, a serviço do capital, asfixiam um país de modo rápido e higiênico. Ataques especulativos levam um país à falência em dias. Sem falar que chamam de riqueza o tal do PIB, que seria a soma de tudo que o país produz. Encher a cidade de carro, cresce o PIB, mas gasta gasolina, entope o trânsito, perde tempo, rouba a calçada das pessoas, polui o ar e cria doenças respiratórias: isso é enriquecer!

BERNARDO

(Ri.) Esse poder do economista é delírio! *(A Helena.)* Não vão sem jantar. Thomaz reclama porque tem paixão pelo que faz. Isso é bonito.

HELENA

Mas é preciso ter senso de oportunidade.

BERNARDO

(Conduz Helena à mesa.) Vamos nos divertir!

THOMAZ

Nunca falo com meu irmão, Helena. Você fez questão de ir ao coquetel e de vir aqui. E quem tocou nesse assunto foi ele.

HELENA

Mas você não para de falar em doença, em remédio, em paciente, em morte. Parece que não tem outro assunto!

CECÍLIA

(A Thomaz.) Nunca lhe ocorreu se dedicar a outra coisa?

THOMAZ

Gosto da medicina. Me esforço pra ser bom médico.

CECÍLIA

Escolher uma vida digna tem seu preço.

THOMAZ

(Encara Cecília.) O pior é que ficamos cínicos. Com a dignidade em alto preço e a vida sem valor, que espécie de gente vai nascer e viver aqui? Vamos criar uma sociedade de políticos, juízes e policiais corruptos, assaltantes e assassinos dando ordens, educação e saúde degradadas?

BERNARDO

(Dá a flûte a Thomaz.) Saudável indignação! A ira santa! Me fazem sentir melhor. *(Tim-tim.)* Falou do hospital, me lembrei de mamãe. Ela achava a medicina a profissão ideal pra você. Mas temia que ficasse pobre. Talvez, pra compensar, o escolheu como preferido. *(Thomaz brinda, mas não bebe.)*

THOMAZ

A intuição de mamãe não falhou. E papai assumia a preferência por você.

BERNARDO

Como eu te invejava! O carinho que eu queria era de mamãe. É estranho, mano, mas sabe que a cada dia tenho mais dificuldade de lembrar o rosto dela? Isso me angustia. Será que vou esquecer o rosto da minha mãe?

CECÍLIA

Tenho pavor de pensar que minha filha possa se esquecer de mim!

THOMAZ

Como é possível? Será amnésia?

BERNARDO

Me esforço pra lembrar e vêm vestígios sem nitidez, fora de foco. Tenho uma sensação de perda, uma lacuna, que me deixa... é esquisito...

CECÍLIA

(A Helena.) Que mulheres satisfazem esses homens fixados na mãe?

DEIXA QUE EU TE AME

THOMAZ
(A Bernardo.) Não tem fotos dela?

HELENA
(A Cecília.) Querem que a gente seja "a" mãe.

BERNARDO
Tinha, mas faz tempo que não vejo. Devo ter perdido nessas andanças.

CECÍLIA
(A Helena.) "A" mãe deles!

BERNARDO
Me ajuda. Diga como ela era. *(Cerra os olhos.)*

HELENA
Por isso não nos deram filhos!

THOMAZ
Era magra, frágil, pele muito branca e lisa, rosto alongado, testa pequena, cabelos castanhos e compridos, que ela recolhia atrás da orelha...

BERNARDO
Os olhos eram da cor do céu no outono. Me lembro daquele azul de água por trás das lentes brancas de aro dourado...

THOMAZ
Quando sorria, o rosto se iluminava. Tinha lábios finos, nariz pequeno e afilado, mãos longas. Fazia serviços de casa, mas tinha mãos lisas e macias.

83

BERNARDO

Lembro do seu beijo antes da gente dormir e da sua voz dando boa-noite.

THOMAZ

Dizia que era uma rainha: tinha um rei e dois príncipes. *(Dá a foto ao irmão que olha comovido.)* Fica com ela. Tenho outras. Não vá perder! *(Pausa.)* Você realizava os sonhos de papai. Ficou radiante de você ser economista — alguém herdou seu tino comercial. Vivia nas nuvens quando você estava nos Estados Unidos. A quem entrasse na loja falava da sua inteligência, da economia; dos prêmios Nobel do MIT, pra ele "machachussetinstituti". E Ph.D era "doutor filosófico". Os fregueses achavam que tinha ficado louco.

BERNARDO

Fico feliz de lhe ter dado essa alegria.

HELENA

(Para si mesma.) É o meu drama.

THOMAZ

Ia explodir de felicidade com o convite de hoje! *(Silêncio de lembranças.)*

BERNARDO

Temos andado muito afastados, mano.

THOMAZ

A vida afasta. É triste.

BERNARDO

Sinto falta de conversar com você.

THOMAZ
Somos o que resta da família.

BERNARDO
Nem filho temos pra nos aproximar.

HELENA
(A Cecília.) Ainda bem!

CECÍLIA
(A Helena.) Ainda bem!

HELENA
(A Cecília.) Não sente saudade da sua filha?

THOMAZ
Preciso mesmo ter uma conversa com você. Outra hora. Seria muito bom.

CECÍLIA
Morro de saudade. E você, por que não tem filho?

BERNARDO
(A Thomaz.) Pode falar.

THOMAZ
Não, não. Outra hora.

HELENA
Por que não liga pra ela?

CECÍLIA
É tarde. Ela dorme cedo. Mamãe dá bronca se ligo fora de hora.

BERNARDO

Por que essa formalidade?

CECÍLIA

(A Helena.) E você, por que não tem filho?

THOMAZ

Não é assunto pra essa noite.

HELENA

Thomaz é louco pra ser pai. Mas eu sonhava em ser concertista... Depois, veio a confecção e, agora, o desastre!

BERNARDO

É sobre o dinheiro que te emprestei?

THOMAZ

(Surpreso.) É. Mas falamos depois.

BERNARDO

Pode falar.

THOMAZ

Será? *(Pausa.)* Nem sei como começar. *(Pausa.)* É que a minha situação se agravou... não tô podendo te pagar. Nem mesmo os juros...

BERNARDO

(Irritado.) Já disse que não me paga juros! Não sou agiota! Te cedi dólares pra me pagar os mesmos dólares. O câmbio oscila, mas isso não é juro.

DEIXA QUE EU TE AME

THOMAZ

Helena diz que a dívida cresce. Então, veio a ideia de propor a você ficar com o nosso apartamento e mais uma quantia em dinheiro pela dívida.

BERNARDO

Deixa ver se entendi: você me passaria o seu apartamento?

THOMAZ

Exatamente.

BERNARDO

Vai ficar sem patrimônio e pagar aluguel?

THOMAZ

Ter apartamento é um luxo. Preciso quitar as dívidas da confecção. Trocar o Gol por um mais novo e, se sobrar, recomprar o piano de Helena.

BERNARDO

Vou pensar. Depois conversamos. *(Pausa.)* Mano, será que não é hora da gente pensar em melhorar a sua renda? Quem sabe não posso ajudar? Às vezes, ocupar um cargo é a chance de se reparar injustiças, promover um talento, reconhecer uma competência. Tenho amigos em Brasília... Há algum cargo que lhe interesse? *(Thomaz olha Bernardo no olho.)*

THOMAZ

Sei que quer o meu bem, mano; mas, desculpa, não quero nenhum cargo. Nem gostaria que pedisse pra mim. O que quero é cuidar dos meus pacientes. Se soubesse a alegria de curar alguém! Me sinto quase um deus!

ALCIONE ARAÚJO

HELENA

Thomaz, na nossa situação você pode recusar a ajuda do seu irmão?

CECÍLIA

De onde você caiu, Thomaz? De Marte, de Vênus, do céu? Devia cair na real, cunhado. Você não vive numa terra de anjos e vestais. Este é um país de oportunistas, carreiristas, arrivistas, corruptos...

THOMAZ

Eu critico apadrinhamento, politicagem, nepotismo e vou aceitar pra mim?

CECÍLIA

Ingenuidade nada tem a ver com honestidade. No pântano não nasce flor.

HELENA

Que desespero ser mulher de santo, de ingênuo! E, quer saber, de honesto!

BERNARDO

Numa democracia, mano, o poder do político eleito é legítimo!

THOMAZ

Qual é a legitimidade ética de ser eleito por um marqueteiro que manipula a ingenuidade do eleitor desinformado? Maquia o candidato, esconde os defeitos e falsifica as virtudes com emoção barata. Candidato é um boneco que faz o que agrada ao eleitor. Tudo é teatro, é mentira, é enrolação.

DEIXA QUE EU TE AME

Esse voto é consciente e responsável como se espera numa democracia? E há os que votam por um emprego, fazem campanha por uma boquinha no serviço público. Como a que acabou de me oferecer.

BERNARDO
Se a maioria votou nele, está legalmente eleito. E tem poder quem tem poder. Às vezes, eles descuidam e nomeiam alguém competente e honesto.

THOMAZ
E alguém honesto e competente quer entrar na lama da política? Você mesmo está dando bye-bye. Se o diretor da minha unidade, que não é amigo nem parente, mas conhece o meu trabalho, quisesse me promover, eu poderia pensar em aceitar. Mas não o meu irmão.

HELENA
Só que o diretor da unidade vai nomear o irmão dele, que nem é médico.

CECÍLIA
Nem tem curso superior! Vai fraudar a licitação e comprar superfaturado remédio desnecessário.

HELENA
Seus pacientes vão continuar morrendo no hospital, sem atendimento.

THOMAZ
Toda eleição algum candidato promete que a saúde será prioridade. Penso nos pacientes, e fico cheio de esperanças. Apoio, vou a reuniões, peço voto, faço campanha. O cara é eleito...

CECÍLIA

(Corta.) E some!

THOMAZ

Se esconde nos palácios, some em Brasília, e os pacientes continuam morrendo diante dos meus olhos. Político não vai a hospital, tem horror a sangue, não suporta ouvir os gritos de dor, nem ver cadáveres sobre a maca. Vai tratar dos seus interesses, quer ser reeleito ou fazer o sucessor pra acumular mais poder, quer viajar, ostentar mordomias e enriquecer, enquanto os pacientes continuam morrendo nos meus braços.

CECÍLIA

Nada disso é novidade e, pelo visto, você não conhece a história desse país. Isso aqui surgiu das capitanias hereditárias!

THOMAZ

Que usem o poder dos donatários, mas tenham um pouco de compaixão, de piedade, de ética e um mínimo de espírito público! Se a vida humana não vale nada, o que mais pode valer? Eu juro que quero acreditar, mas vejo esse naufrágio ético e não sei onde depositar a esperança que me resta.

HELENA

Deve estar satisfeito, estragou o jantar do seu irmão. Ninguém aguenta mais esse papo de doença, médico e hospital. Vamos embora. *(Thomaz se afasta.)*

BERNARDO

(A Olímpio, que entra.) Então, já sabe o que há pra comer?

DEIXA QUE EU TE AME

OLÍMPIO

Dá pra sair: Tornedó au roquefort, tornedó au chateau-
briand, tornedó à la broche, tornedó à piamontese, tornedó
à francesa...

BERNARDO

Filé à parmegiana?

OLÍMPIO

A casa está sem queijo prato, doutor.

CECÍLIA

Não sai nada de pescado?

OLÍMPIO

Infelizmente não, senhora.

CECÍLIA

E Linguado à belle meunière?

OLÍMPIO

Estamos sem os ingredientes.

BERNARDO

Então me faz um Tornedó au roquefort.

OLÍMPIO

(Anota.) Sim, senhor.

HELENA

Também quero um.

CECÍLIA

Tem frango?

OLÍMPIO

Não, senhora.

CECÍLIA

Me traz um tornedor magérrimo, duas folhas de alface, duas rodelas de tomate e um suco de cenoura.

HELENA

Traz um Tornedó au roquefort pro Thomaz.

BERNARDO

E mais duas Dom Pérignon.
Olímpio sai. Thomaz surge no tablado-banheiro, sob luz intensa e irreal. Na mesa, a luz cai. Ele fala ao público.)

THOMAZ

Bernardo diz que me invejava porque eu era o preferido da mamãe, mas sou eu que o invejo. Brilhava na faculdade, e as garotas viviam no pé dele. Helena era uma dessas e se apaixonou. Afastou as rivais e pôs rédeas nele, que se apaixonou também. Quando foi pro MIT, Helena quis ir junto, ele descartou. No aeroporto, havia seis viuvinhas, entre 18 e 25 anos, aos prantos. A partida abalou Helena e tive que receitar antidepressivos. Eu não tinha tempo, meu curso exigia demais, mas ela me procurava com dor de cabeça, com saudade do Bernardo ou deprimida. Às vezes, íamos ao cinema ou ao teatro. Virei seu confidente. Quando papai teve um AVC, não saiu mais da cama. Mamãe e eu tínhamos que nos desdobrar pra cuidar dele. Delirando, me beijava e me chamava de Bernardo. Gastamos o que tínhamos, e meu irmão, que vivia de bolsa, não pôde ajudar. Agonizando nos meus braços, papai sussurrou que dividíssemos a quantia que entregara a meu irmão pra fazer aplicações mais rentáveis que o armarinho. Bernardo não falou desse dinheiro e mamãe calou, temendo desavenças. Quando ela vendeu o armarinho, quis me dar uma parte pra compensar — recusei, era tudo que tinha pros seus últimos dias. No ano seguinte, pouco antes de morrer, me deu o que restava na poupança e fez o que se tornou seu último pedido: que eu nunca falasse com Bernardo sobre o tal dinheiro. Respeitei o pedido, e ele também silenciou. Naquele ano, eu enterrei sozinho papai e mamãe — Helena ficou ao meu lado em todos os momentos. E me apaixonei por ela. Logo nos casamos. Quando ele voltou, sentiu-se traído, e se afastou de nós. Depois que se casou com a filha de um político voltou a nos procurar. Helena fica perturbada a cada visita dele. Mas o casamento durou pouco e ele se afastou de novo. A carreira decolou, e surgiu Cecília. Lá em casa, eu era o generoso, e Bernardo, o competitivo; eu, o justo, ele, polêmico; eu, modesto, ele, exuberante. Bernardo tem enorme prazer de estudar, metaboliza tudo o que aprende, e o conhecimento vira convicção. Gosta de ser desafiado, joga aberto, vence sempre, mas aceita a derrota. Faz o que o coração manda, por isso tem alegria de viver. Amo meu irmão. E amo Helena, a mulher da minha vida. *(Ele volta à mesa. Luz geral.)*

HELENA

Pedi Tornedó au roquefort pra você.

THOMAZ

Obrigado. *(Entra Beto-miojo, capacete de motoqueiro à mão, rápido, arisco.)*

CECÍLIA

(Eufórica.) Beto-miojo! Minha fonte luminosa! *(Beijos.)* Tempão, cara! *(A todos.)* Beto-miojo, superadvogado, que vai brilhar na justiça deste país!

BETO

(A todos.) Boa-noite. *(Baixo, a Cecília.)* Sou advogado não, gata.

CECÍLIA

Não? Da outra vez disse que fazia direito.

BETO

A faculdade não soube absorver meu potencial. Não paguei, me dançaram.

CECÍLIA

Teu pai não bancou? *(A todos.)* *Seu Flor*, o pai dele, que não é flor que se cheire, é dono do Flor de Minas, melhor boteco da Duvivier.

BETO

Andei aprontando, o velho me mandou pastar.

CECÍLIA

Te expulsou de casa? E aí?

BETO

Aí, não rolou emprego, entrei pra PM.

CECÍLIA

Não acredito! Beto-miojo na PM?

BETO

Passei no concurso. Mas a grana era curta, saí fora. Estou na iniciativa privada: comércio alternativo de entretenimento. Do Ecstasy ao Parque Temático. Montei uma Cocaine-'Delivery. A mais rápida e pontual do Rio. *(Desconforto geral.)* E aí, tudo bem?

CECÍLIA

Tudo ótimo, mas sem brilho. Então, você é o *Seu Flor* que se cheira!

BETO

Trouxe o que faz você brilhar. Este é o meu papel: *Fiat lux*! *(Íntimo.)* Não mudou nada! Tá a mesma *Divina da Duvivier*!

CECÍLIA

(Vaidosa.) Uau! Acha mesmo?

BETO

Superbroto! Ainda faz aquele boquete de esguichar estrelas?

CECÍLIA

(Repreende.) Shhhhh...! Meu marido tá ali.

BETO

Tô falando do passado.

CECÍLIA

Anda espalhando isso por aí? Olha, era só com você, hein!

BETO

(Ri.) Só comigo, *Divina?* Minha autoestima agradece. Sabe que rolou eleição: tu ganhou o melhor boquete da quadra? Deu um banho na *Lulu-Boca-Mole.* Vai querer quantos papel? *(Clara entra.)* Sujou?

CLARA

Não. Tudo limpo. *(Clara e Cecília se veem. Surpresa e espanto.)*

CECÍLIA

Clara! Meu Deus do céu!

CLARA

Mãe!

CECÍLIA

O que tá fazendo aqui, minha filha? *(Clara vai beijá-la.)* Responde!

CLARA

Ué, mãe...Tô com o Beto.

BETO

(Pasmo.) Caraca! É tua mãe?! *(Clara confirma.)*

CECÍLIA

De onde se conhecem...?

BETO

O mundo é do tamanho de um papelote!

CECÍLIA

É olheira do Beto? *(Clara confirma.)*

DEIXA QUE EU TE AME

BETO

Ela é a Cecília que fez a encomenda? *(Clara confirma.)* Eu sou um iluminado! Um escolhido de Deus: mãe e filha! Mais que entrega em domicílio, é entrega familiar.

CECÍLIA

Me diga uma coisa, Clara: você é dependente, minha filha?

CLARA

Não. E você?

CECÍLIA

Eu tô, nem sei! Pasma! Transtornada! Desesperada! Que loucura é essa? Explica! Sua avó sabe que está nesse lugar, a essa hora, com esse cara? Responde! Sua avó sabe? *(Clara dá de ombros.)*

BETO

(A Clara.) Sujou! *(A Cecília.)* Quantos papel?

CECÍLIA

Não devia tá na cama, pra ir pro colégio amanhã cedo?

BETO

Posso sair de fininho, mas não posso perder a viagem. Quantos papel?

CLARA

Colégio? *(Ri, com Beto.)* Tempão que não pinto lá.

CECÍLIA

O quê? Não me diga, Clara! Largou o colégio? Por que, meu Deus? Com ordem de quem? Sua avó sabe? Ela sabe que está aqui, agora?

CLARA

Não moro mais com ela.

CECÍLIA

Deus do céu! Não me diga uma desgraça dessa, Clara! A minha única filha, meu Deus! Onde está morando, minha filha?

CLARA

Com o Beto.

CECÍLIA

(Agride Beto.) Cafajeste! Escroto! Filho da puta! *(Ele se esquiva.)*

CLARA

Entra nessa não, mãe.

CECÍLIA

Minha filha é uma menina. Pouco mais que uma criança...

CLARA

(Ri, com Beto.) Eu, criança! Não é por aí, mãe.

CECÍLIA

(A Beto.) E você...! Meu Deus do céu, eu não merecia.

CLARA

Beto não tem culpa de nada.

CECÍLIA

Como não tem?! Ele te seduziu, te enganou!

CLARA

Eu que pedi pra ficar com ele.

DEIXA QUE EU TE AME

CECÍLIA

E por quê, minha querida?... Com um traficante?

BETO

Traficante, *Divina*? Eu sou comerciante!

CECÍLIA

Some daqui, seu filho da puta!

BETO

Te respeito, me respeita também.Vou me mandar, mas primeiro o negócio. Não vim até aqui pra perder viagem. O pó é puro e bem pesado; o negócio é limpo e honesto. Tu pega os papel, paga, e me mando. Ou vou engrossar.

CECÍLIA

(A Clara.) Você vai pra casa comigo.

CLARA

Sem essa. *(Indica Beto.)* A gente tá apaixonado.

CECÍLIA

(A Beto.) Filho da puta, destruiu a vida da minha filha!

CLARA

Qualé, Dona Cecília!? Que mané destruir! Tô começando a viver.

CECÍLIA

(A Beto.) Ela tem um terço da sua idade, seu monstro!

BETO

Eu, monstro?!

CECÍLIA

Podia ser pai dela.

BETO

Você, que é mãe, largou ela por aí, sem pai nem mãe, pelas nights. Eu, que dei cobertura, sou o monstro? Se liga, comade!

CECÍLIA

(A Clara.) Você vai pra Brasília comigo amanhã.

CLARA

Delira não, mãe. Vou ficar aqui.

BETO

Ouviu ela dizer que a gente tá apaixonado? Saca o que é isso? Apaixonou alguma vez? Mato e morro pela tua filha, tá ligado? Melhor soltar a grana, e a gente vai embora. *(Bernardo se move, Beto se assusta.)* Paradão aí! Todo mundo parado! *(Sugere arma sob a camisa.)* Sem mexer, tá ligado? *(Recua.)* Se mexer, leva bala! Tira a mão do bolso! Tira, porra! *(Bernardo tira.)* Mão na cabeça! Todo mundo, mão na cabeça! *(A Clara.)* Tranca a porta! *(Clara obedece.)* Revista eles! Um por um! *(Clara obedece.)*

CECÍLIA

Meu Deus! Nunca pensei que veria minha filha fazer isso.

BETO

Cala a boca, porra! Tem gente com arma pra matar tua filha! *(Clara não encontra a arma.)* As bolsas. Revira as bolsas! *(Clara obedece.)*

CECÍLIA

(Baixo, a Beto.) Somos amigos, cara... não manda minha filha fazer isso.

BETO

Cala a boca, porra!

CECÍLIA

(A Beto.) Eu te conheço, garoto. Você não é disso.

BERNARDO

Há um mal-entendido, amigo. Nós queremos pagar a encomenda.

BETO

Mandei calar! Vai levar um teco no meio da cara!

CECÍLIA

Puxa, Beto... acabou que virei sua... sogra! Vou te pagar, cara.

CLARA

(A Beto.) Ninguém tem arma.

BETO

Junta a grana, Clarinha! Limpa geral!

CLARA

(Calma, firme.) Vou fazer isso não! Pirou? Não tem arma nenhuma e faz um barraco pra assustar o pessoal!

BETO

Vão dar o banho na gente, cara! Junta a grana e vamos sumir!

CLARA

Que mané banho. É minha mãe, cara. Vai dar a grana. Mas tu abusou! Disse que não ia cheirar na entrega e tá zoado. Mentiu, cara. Me sacaneou, porra!

BETO

Sacaneei não. Só uma carreirinha. Juro! Sacaneei não, amor. *(Abraça-a.)*

CLARA

(Esquiva-se.) Só faz merda! Vamo nessa. *(A Cecília.)* Dá pra ver a grana?

CECÍLIA

(Mostra.) Pega na minha bolsa. Como fazia quando era pequena.

BETO

Espera!

CLARA

(Pega a bolsa.) Esperar nada!

BETO

Só vou se disser aquilo antes.

CLARA

(Entrega a bolsa à mãe.) Vou dizer nada. Vamos sair fora. Aquilo o quê?

BETO

Aquilo, Clarinha. Na cara deles!

DEIXA QUE EU TE AME

CLARA

O quê, porra?

BETO

Que diz na cama!

CLARA

(Ela olha para todos. Provoca.) Você é o meu gostoso.

BETO

Assim, não! Diz tudo! Daquele jeito!

CLARA

Aqui, amor? Na vista de todo mundo?

BETO

É... Joga na cara desses babacas... Fala tudo!

CLARA

(Provoca mais.) Você é meu macho gostoso.

BETO

Fala o resto... Pra eles ouvirem tudo...

CLARA

Chega! *(Baixo.)* Em casa, eu falo.*(Beto vai falar, Clara cobre-lhe a boca. Olímpio entra com utensílios de mesa. Ao ver, tenta recuar.)*

BETO

Agora tem que ficar, vovô. Na moral. *(Olímpio obedece.)*

CLARA

(A Beto.) Para com isso. *(A todos.)* Relaxa, aí. Tem arma não. *(Todos se acalmam.)* A grana, mãe. *(Celular de Beto*

toca, ele se afasta. Olímpio arruma a mesa. Ao entregar o
dinheiro, Cecília não resiste, abraça Clara.)

BETO
(Ao telefone.) Diga! Onde? Só na Zona Sul. Barra é outro
país, campeão. Pra rodar trinta quilômetros, ida e volta, e
botar quatro papel na tua mão, cada grama vai te custar
uma baba! Muda pro Rio, que vai ser bem servido. Se pagar
o dobro pelo dobro de "papel"! Fechado. Onde? Sei. Mas
não desço da moto, tá ligado? Uma hora e tô aí. *(Desliga.*
Cecília acarinha Clara. Beto assiste.)

BERNARDO
(Baixo.) Que porrada pra Cecília! Não sou o pai, não posso
me meter.

THOMAZ
(Baixo.) Se não é o pai, não sou o tio. Eu, me meter? O cara
tá drogado.

HELENA
(Baixo.) Ninguém tem que se meter. É assunto de mãe e filha.

CECÍLIA
Como pôde acontecer, minha querida? Eu te amo tanto,
Clara, que sinto até dor no peito! Ah, meu Deus! A vida me
empurrou pra longe de onde eu queria ficar. Eu não podia
sair do seu lado. Ninguém te ama mais que eu. Vem comigo,
vamos começar de novo, as duas juntas, do jeito certo.

CLARA
Não tô entendendo...

CECÍLIA

Você acredita que te amo? Acredita? Pelo amor de Deus, responde, filha!

CLARA

(Suave.) Você tem sua família, meu pai tem a dele, quero fazer a minha.

CECÍLIA

(A Clara.) Mas sabe que te amo, não sabe? *(Pausa.)* Não sabe?

CLARA

(Após uma pausa.) O Beto me ama.

CECÍLIA

(Abraça-a.) Eu sempre te amei, minha querida. *(Acolhe-a como a um bebê e canta canção de ninar. Clara fala, ela canta mais alto, como para silenciá-la ou lembrá-la de outros momentos.)*

CLARA

(Baixo, lenta.) O que eu queria era ter um irmão... na casa da vovó não dá pra fazer amigo. Ela é legal, mas tá velha e não entende nada. Você dizia que tinha de trabalhar pra poder comprar as coisas pra mim. Mas não me dava nada que eu queria, enchia o saco dizendo que eu não trabalhava, não sabia o preço das coisas. Agora, ralo pra caramba, mas ganho minha grana, e o Beto é bacana, a gente tem um monte de amigo, se diverte pra caramba, adoro ele... *(No ímpeto, Cecília a cobre de beijos, calando-a. Bernardo vai até Beto.*

Conversam e ele entrega papelotes. Bernardo abre carreira sobre a mesa. Helena observa, curiosa. Thomaz se afasta.)

CECÍLIA

Esquece o que eu dizia. O que importa é acreditar que eu te amo, que sou a amiga com quem você pode contar pra tudo. Em Brasília, a gente vai fazer...

CLARA

Bra-sí-li-a? Qualé! Tô fora!

CECÍLIA

Você prefere ficar na casa da vovó?

CLARA

Nem morta! Aquela caducou geral. *(Bernardo aspira o pó. Passa o canudo a Helena, que hesita: ela olha para Bernardo e Thomaz, que olha atento.)*

BERNARDO

(A Cecília.) Chega mais... vem se energizar... *(Cecília recusa.)*

CLARA

(A Cecília.) Queria te perguntar uma coisa...

CECÍLIA

(A Clara.) Pergunta...!

CLARA

É que.... *(Olha nos olhos da mãe.)* Esquece.

CECÍLIA

Pergunta! Não vou mais ter segredos pra você. Nem você pra mim...

BERNARDO

(A Olímpio, começando a se alterar.) Não tem uma música, seu Olímpio?

OLÍMPIO

Tem sim, senhor. *(Olímpio conclui a arrumação da mesa e sai.)*

CLARA

(Olha-a nos olhos.) Eu fui a única vez que você ficou grávida?

CECÍLIA

(Hesita.) Não... Teve outras...

CLARA

Quantas?

CECÍLIA

Por que isso agora, filha? *(Pausa.)* Três. *(Pausa.)* Naquela época era...

CLARA

(Corta.) Por que tirou?

CECÍLIA

Não ia ter filho sem pai. Era o "liberou geral", a aids não tinha se alastrado, homens covardes e muito vacilo meu! Você tá grávida?

CLARA

O que você sentiu?

CECÍLIA

Um horror... um pavor... Mas por que quer saber? Que curiosidade é essa?

CLARA

Por que tirou as três e não tirou a minha?

CECÍLIA

Porque te amo. Agora, me responde. *(Clara se aninha nos braços dela.)* Conta tudo pra mamãe... fala, querida... Quero te ajudar, não te censurar...

BETO

(A Bernardo.) Aí, cara, tô passando uma partida purinha e barata. Tá a fim?

BERNARDO

Tá maluco? Eu, viajar com droga na mala?!

CECÍLIA

(A Clara.) Fala, filha... Te ajudo no que for preciso... Me conta, querida...

BETO

Federal não olha sua mala. Leva o brilho! Tô torrando. Preciso fazer caixa.

BERNARDO

Não quero ter isso. Quero usar. Você é que deve ter. *(Clara foge de Cecília, Beto a acolhe. Enfim, Helena aspira a fileira. Dá o canudo a Thomaz, que hesita. Cecília toma-lhe o canudo e cheira. Ele recusa o canudo, ela põe no bolso dele. Ouve-se música. Helena aplaude. Bernardo recebe Cecília com abraços. Beto e Clara cheiram. Helena dança sozinha. Cecília afasta-se de Bernardo e observa o amor de Clara e Beto. Thomaz observa Helena dançar sutilmente até Ber-*

DEIXA QUE EU TE AME

nardo; dançam juntos. Enfim Thomaz cheira. Toca o celular de Beto, ele se afasta e atende. Clara pousa a cabeça no colo de Cecília. Thomaz senta junto delas. Fala a si e a elas.)

THOMAZ

Tudo o que se vê é sintoma, entende? Falta de grana, violência, corrupção, degradação... que mais? Não sei. Lembra aí. Enfim, toda essa lama em que nos afundamos, nada disso é a doença. É só o sintoma. A doença mesmo não se vê... A doença é o câncer que brotou no coração do país. E deu metástase... se alastrou pra tudo que é atividade, se infiltrou nas pessoas. *(Cecília e Clara se entreolham. Helena dança com Bernardo.)*

HELENA

Assim, sentindo seu calor, seu cheiro, sua mão alisando minhas costas, minha unha no seu pescoço, nossos corpos se roçando, dá um tesão de enlouquecer. Não vai me comer? Eu sou como as outras.

BERNARDO

Você, como as outras?

HELENA

Depravada como elas. Aproveita esta noite. Abusa de mim.

BERNARDO

Devo demais ao meu irmão pra mandar debitar mais essa na conta.

HELENA

Você merece o que a vida te dá. Tem direito de usar e abusar do que é seu. Inclusive dessa gueixa, louca pra beijar a sua boca...

BERNARDO

Nem pensa uma loucura dessa.

HELENA

... depois, ir descendo a mão, acariciar o peito, lamber os pelos, morder...

BERNARDO

Para por aí!

HELENA

... de joelhos segurar seu pau, lamber com língua molhada, sentir endurecer na boca, apertar com os lábios úmidos...

BERNARDO

A loucura me diz pra aceitar, mas o que resta lúcido diz que não posso.

HELENA

O que resta lúcido diz que é loucura o que estou fazendo, mas prefiro a loucura de ter você inteiro em mim. *(Beijam-se. Veem que Thomaz assiste e se separam. Cecília se aproxima de Helena.)*

CECÍLIA

Estou fora de combate, não posso disputar meu marido com você. Só peço um pouco de compaixão.

BERNARDO

(A Thomaz.) Você não viu nada, porque não aconteceu nada. Mas fica de olho na sua mulher.

CECÍLIA

(A Helena.) Você é uma mulher bonita...

BERNARDO

(A Thomaz.) Resolvi ficar com o seu apartamento... Você me convenceu.

CECÍLIA

(A Helena.) ... que amarga o primeiro casamento...

BERNARDO

(Grita.) Olímpio!

CECÍLIA

(A Helena.) ... nunca pariu um filho, nem chorou por ele...

BERNARDO

(Grita.) Olímpio!

CECÍLIA

(A Helena.) Pode ter o homem que quiser, quantos quiser...

BERNARDO

(A Thomaz.) Senta. (Thomaz resiste, ele força, sutil. Depois, senta também.)

CECÍLIA

Você é pianista; eu, funcionária pública. Deixa meu homem pra mim. Só tenho ele e não vou conseguir outro. (Helena vai para o banheiro. Cecília volta para junto de Clara. Olímpio reaparece.)

BERNARDO

(A Olímpio.) Me traz duas folhas de papel em branco.

OLÍMPIO

Sim, senhor. *(Olímpio sai. Bernardo preenche cheques.)*

CECÍLIA

(A Clara.) Você tem que fazer as entregas com ele?

CLARA

Aham. Não dá pra pagar olheiro. A gente precisa de grana.

CECÍLIA

Pra quê?

CLARA

Acertar uma parada aí. Querem apagar o Beto se não acertar até domingo.

CECÍLIA

Quanto?

CLARA

Muita grana. *(Pausa. Dá-se conta.)* Nem pensar. Não quero grana sua.

CECÍLIA

Por quê? Quero ajudar. *(Olímpio volta com o papel. Bernardo escreve.)*

CLARA

Eu escolhi entrar nessa. Fica na sua. A gente vai se virar. E depois...

CECÍLIA

Depois, o quê?

DEIXA QUE EU TE AME

CLARA

Nada.

CECÍLIA

Fala, filha. Vamos conversar. Tô do seu lado. Depois o quê?

CLARA

Vocês dão muito valor à vida. E a vida não vale uma carreira.

CECÍLIA

Pelo amor de Deus, Clara! Não diga isso. A vida não vale... Depois o quê?

CLARA

Você odeia o Beto. A gente vai juntar a grana e sair dessa. Saímos de outras.

BERNARDO

(Entrega papéis e cheques a Thomaz.) Lê e assina. Helena também. A quantia em dinheiro está nos cheques, pra sacar nas datas.

THOMAZ

Esperava mais. *(Bernardo quer retomar, ele evita.)* Não dá pra ser à vista?

BERNARDO

Um você saca amanhã. Os outros, mês a mês. Pode continuar morando lá.

THOMAZ

Quanto vai cobrar de aluguel?

113

BERNARDO

Nada. Indo pro banco, volto pro Rio e compro uma casa. Se for preciso, o apartamento entra no negócio. Se não, vai ficando lá.

(Helena surge no tablado-banheiro sob luz irreal. Luz cai na mesa. Ela fala ao público.)

HELENA

Cecília me pediu pra renunciar à paixão da minha vida! Ela quer que me mate um pouco. Minha primeira paixão foi o piano. Vinte e um anos, seis horas por dia de dedicação fervorosa. A música penetra meu corpo com prazer quase carnal. Tive que renunciar ao piano. Mamãe me criou comedida, e cresci com corpo fogoso e espírito conservador. Acabei na terapia. Hoje, tenho corpo livre, cabeça avançada e espírito conservador. O corpo quer atacar, o espírito puxa a rédea e a cabeça entende tudo. É ser bem resolvida, mal comida, mas saber explicar por que dá errado. Com rédea frouxa, nunca sei a medida: quero ser liberal, viro tarada; carinhosa, viro oferecida. Pareço avançada; mas só eu sei a vergonha de pagar mico, o medo de ser rejeitada! Bem que me atiro, mas se empurrar pra frente com as próprias mãos é como afogado querer se salvar pelo próprio cabelo! Ah, se eu conseguisse ser o que sou, que felicidade! Agora que me dei conta da rapidez assassina com que o tempo voa fiquei tomada pela urgência. Hoje é um dia decisivo na minha vida. Sei lá quando verei Bernardo de novo! Que raiva querer saber o que ele achou de mim! Me esforço pra ser livre... e essa derrapada! Mas não vou desistir! O que sinto por Bernardo é mais forte do que eu, está além do que posso entender. Só comparo a quando

DEIXA QUE EU TE AME

toco Brahms e sou arremessada a não sei onde, meu corpo foge de mim e os dedos se movem sozinhos. *(Pausa.)* O irmão que eu amo me trocou por um curso, o que me consolou apaixonou-se por mim: amo o que não me rejeita, seduzo o que não desejo! De Thomaz arranco alguns orgasmos, mas é um gozo que não me esgota nem satisfaz. Com a energia que sobra, a fantasia faz a festa! Li pilhas de livros eróticos, aluguei filmes pornô, nada me satisfez. Notei que me dava prazer ser desejada por motoristas, seguranças, homens que sabem despir com o olhar. Vivi aventuras com eles. Temi que fossem violentos ou pegassem no meu pé. O risco e a traição me excitavam. Gostava da maneira enérgica com que me tratavam, dos palavrões, das fantasias. Mas enjoei. Me faltam coragem e pretexto pra me separar de Thomaz. Bernardo é o homem da minha vida. Ele tem tudo que sonho, quero e preciso. Renunciar é suicídio. Quero viver com ele. *(Volta à mesa. Bernardo, que consola Cecília, lhe dá papéis para assinar. Beto fala ao celular. Thomaz conspira com Clara.)*

THOMAZ

Será? ... Bem, não sei... Você não tá doidona? Quer dizer, não acha que...?

CLARA

Fica frio. Vai por mim. Tô acostumada.

THOMAZ

E o Beto?... O que ele acha? Será que... O que vai fazer?... Não vai...?

CLARA

Fica na boa. Vai livrar a cara dele. Tá nervoso? Cheira aí, que acalma.

THOMAZ

E a sua mãe? O que será que ela...?

CLARA

Nada a ver comigo. A vida é minha, cara. Ninguém vai saber, pô!

THOMAZ

Você acha que... acha que é certo?

CLARA

Certo é o que você acha que é certo. Esquece esses babacas. Cheira, aí.

THOMAZ

(Aspira.) Não sei... tô confuso... Nunca tinha usado cocaína.

CLARA

Cheira tudo, que o medo acaba! Viu o Beto? Fingiu que tava armado.

THOMAZ

(Aspira o resto.) E se ela...?

CLARA

Vai na frente! Se manda, cara. *(Ele hesita.)* Vai ou não? Senão, vou embora. *(Thomaz vai para o banheiro. Celular de Beto toca. Ele atende.)*

BETO

Sem essa, mermão! Dei banho, não, cara. Não sou maluco! Diz pra ele que amanhã compareço com a grana. Pode contar. Sujou? Caraca! Tô ligado. *(Apavora-se.)* Mandou o Tigrão acertar? Então vai me queimar! Pelo amor de Deus, maninho, segura o cara! Tô ligado! *(Desliga com expressões de pânico para Clara, que faz gesto de "volto já" e entra no banheiro. Cecília vai até Beto. Helena aproxima a mão do sexo de Bernardo.)*

BERNARDO

(Baixo, a Helena.) Sua ousadia me excita.

CECÍLIA

(A Beto.) Pô, Beto. A gente foi amigo, cara. Agora, somos adultos, cada um na sua. Clara é tudo que tenho na vida. Quero que se afaste dela.

BETO

Sai fora!

CECÍLIA

Olha aqui, meu marido é do governo. A Polícia Federal vai te arrebentar.

BETO

O fornecedor também vai me arrebentar. Vou ser presunto nesse sanduíche. Se liga aí: esse sanduíche não vai ser só de presunto. Vai ter queijo, ovo, tomate e ketchup pra caralho. Entrego todo mundo: tu, o maridão e quem mais se meter. Até a filhinha — minha paixão e minha sócia — entra no bolo.

CECÍLIA
Filho da puta!

BETO
Vá se foder! Botei na tua mão um brilho honesto, pra se divertir com teus amiguinhos e agora quer sequestrar minha gatinha e me entregar?! Quando te vi, achei que ia me ajudar a descolar a grana do acerto, e tu quer me vender? Se liga, *Divina da Duvivier*, ou vai me pagar o boquete agora! *(Cecília vai para o banheiro. Helena acaricia Bernardo. Ouve-se um grito.)*

CECÍLIA
(Grito em off.) Clara! *(Todos se voltam. Cecília surge pálida.)* Clara está chupando o pau de Thomaz! *(Joga-se nos braços de Bernardo. Helena se afasta.)* Que cena, meu Deus! *(Clara reaparece. Todos se voltam para ela.)*

CLARA
(Tranquila.) Tá tudo bem. Foi só um boquete. A culpa foi minha.

THOMAZ
(Thomaz surge lívido.) Não, Clara! Também tenho culpa.

CLARA
Pode falar a verdade, tio. Não me incomoda.

BERNARDO
(A Clara.) Ele não é seu tio. *(A todos.)* Ele não é tio dela!

CLARA
Sem barraco, mãe. O cara foi legal comigo. Não é a primeira vez que faço.

CECÍLIA

O que é isso, Bernardo? Ainda tem coragem de defender seu irmão?!

CLARA

Ele não tem culpa.

BERNARDO

Disse que ele não é tio. Eu não sou o pai dela.

THOMAZ

Tenho culpa, sim.

CECÍLIA

(A Bernardo.) E minha filha?

BERNARDO

Thomaz não tem que se defender de nada.

CLARA

Eu e o Beto precisamos de grana.

CECÍLIA

Quem defende minha filha?

CLARA

(A Cecília.) Para de me tratar feito criança! Eu sei me defender.

BERNARDO

Ela já transa, já vive com um homem, já tá no tráfico, já é adulta!

CECÍLIA

Helena, não tem nada a dizer pro marido que abusou de uma criança?

CLARA

(A Cecília.) Criança o cacete! Sou mulher que nem você! Aqui dentro tá crescendo um bebê! *(Tocada, Cecília vai até Clara e acaricia seu ventre.)*

HELENA

Meu marido é um homem decente!

CLARA

(A Cecília.) Só não viu porque não me olhou direito.

BERNARDO

Helena tá certa. Meu irmão é um homem decente.

THOMAZ

Mas não fui decente agora... Sou adulto e casado.

CLARA

(A Thomaz.) Transo com qualquer homem, quando quero e quando preciso.

THOMAZ

O câncer deu metástase. Ninguém escapa. *(Clara mostra um cheque a Beto. Ele a beija e a conduz para a saída. Mãe e filha se olham.)*

CECÍLIA

Fica comigo, minha filha... Deixa que eu te ame...

DEIXA QUE EU TE AME

BETO

Vem!... Que eu te amo. *(Saem. Longa pausa atônita e per-
plexa.)*

CECÍLIA

(Saindo súbito.) Não aguento!...

BERNARDO

(Retendo-a.) Deixa eles cuidarem da vida do jeito deles!

CECÍLIA

Não posso deixar que ela saia assim pro mundo.

BERNARDO

Fica aqui! Ela escolheu. É melhor não se expor!

THOMAZ

(Atônito.) Essa ideia não nasceria de mim. Foi ela que pro-
pôs. Mas eu topei.

CECÍLIA

(Encara Bernardo.) Descobri quem eu amo. Vou atrás.

BERNARDO

(Tenta detê-la.) Não vá, Cecília! Ele é bandido! Volta!

CECÍLIA

(Escapa.) Não vou abandonar minha filha! Vou tirar Clara
dessa vida!

BERNARDO

(Sai atrás dela.) Cecília! Cecília! *(Desaparece. Silêncio.)*

THOMAZ

Não cabe pedir perdão. Sou responsável pelos meus atos. *(Silêncio.)*

BERNARDO

(Reaparece.) Sumiu. *(A Thomaz.)* Faz drama não. Clara é nova, mas sabe tudo da vida. E depois da Monica Lewinsky, boquete ficou desmoralizado.
(Pés sobre a mesa, Bernardo bebe champanhe. Helena e Thomaz falam baixo, devagar, com densos silêncios; quase não se olham nem se movem.)

HELENA

Quero me separar de você.

THOMAZ

Você acha que...

HELENA

(Corta.) Acho.

THOMAZ

É pelo que aconteceu aqui?

HELENA

Também. Mas não só.

THOMAZ

(Olha para Bernardo.) Por que mais?

HELENA

Se fizer questão, posso dizer. Não agora.

THOMAZ

Não poderia adiar...?

HELENA

Impossível, não tenho mais...

THOMAZ

(Corta.) Nem pedindo pelo que há de mais sagrado?

HELENA

Não valeria a pena. Não quero que sofra mais.

THOMAZ

Agradeço a compaixão. *(Pausa.)* Deixa que eu te ame, Helena.

HELENA

(Após longa pausa.) Agora que sabe da minha decisão...

THOMAZ

Dá uma chance pro nosso casamento.

HELENA

Eu não tenho mais condições de ser sua mulher.

THOMAZ

A gente pode descobrir interesses novos pra nossa vida.

HELENA

Thomaz, eu não quero mais ser sua mulher. Estou me separando agora porque não tive coragem de fazer isso há mais tempo.

THOMAZ

(Olha para Bernardo.) Por quê?

HELENA

(Após uma pausa.) Eu não te amo, Thomaz.

THOMAZ

Não me ama? Como não me ama? Disse sempre que me amava. Quando deixou de me amar? Responde! Desde quando não me ama mais?

HELENA

Vamos nos poupar, Thomaz.

THOMAZ

Eu preciso saber, Helena. Eu mereço. Desde quando não me ama mais?

HELENA

(Agonia.) Na verdade, eu nunca te amei.

THOMAZ

(Olha-a. Veste o paletó, põe os cheques na mesa.) Compra de volta o piano e paga as dívidas da confecção. *(Vai saindo.)*

HELENA

Por favor, leve seu dinheiro.

BERNARDO

Thomaz! *(Ele para.)* Pedido de irmão. Todos gostam de você como você é...

THOMAZ

Não vão gostar mais. Hoje entendi que há uma guerra. Ou mato ou morro...

BERNARDO

Pra que gostem de mim, preciso agradar, seduzir, dar presentes, fazer todo tipo de malabarismo e até aparentar o que não sou.

THOMAZ

Mamãe me criou pra ser honesto, justo e ético. Ela morreu, o tempo dela passou, os valores dela caducaram. E eu tenho que viver no meu tempo.

BERNARDO

Preciso ter dinheiro, ter poder e brilhar pra gostarem de mim. Eu quero dizer que... queria estar mais perto de você...

THOMAZ

Este é o tempo de dinheiro no bolso, vale-tudo na cabeça, faca nos dentes e tacape na mão. Honestidade, justiça e ética não entram nesse novo tempo...

BERNARDO

Deixa que eu te ame... do jeito que eu sou, mano. Sem ter que te agradar... *(Bernardo beija o rosto de Thomaz, que se vira e sai em silêncio. Helena olha para Bernardo, que põe dinheiro sobre a mesa para pagar a conta.)*

BERNARDO

O dia amanheceu?

HELENA

Ainda é noite. *(Bernardo sai em silêncio. Ela pega a bolsa e vai sair.)* Bernardo! Vai me deixar sozinha? *(Hesita diante dos cheques. Pega-os e sai.)* Bernardo! Pelo amor de Deus!

Vai me abandonar no meio da noite? *(Ouve-se porta de carro bater, motor acelerar, pneus cantando. Olímpio entra, mãos e braços repletos de pratos. Para no salão vazio.)*

OLÍMPIO

Que desperdício!

FIM

Rio de Janeiro, maio de 2009.

O texto deste livro foi composto em Sabon,
desenho tipográfico de Jan Tschichold de 1964
baseado nos estudos de Claude Garamond e
Jacques Sabon no século XVI, em corpo 11/16.
Para títulos e destaques, foi utilizada a tipografia
Frutiger, desenhada por Adrian Frutiger em 1975.

A impressão se deu sobre papel off-white(soft) $80g/m^2$
pelo Sistema Cameron da Divisão Gráfica
da Distribuidora Record.